영혼을
새롭게 하는

말씀

5분 신앙 에세이

영혼을
새롭게 하는

말씀

박용표 목사

40편의 신앙 에세이
오페라로 파산한 헨델을
오라토리오로 살리신 하나님
때리는 분노보다도 먹여 주시는
사랑이 더 큰 만나
잘 참는 것은 잘 참는 것이 아니다

좋은땅

글의
순서

2부 네 손가락에 매며 마음 판에 새기라

3부 지도력 이야기

영혼과 양심을 울리는 글

최현범 목사
(총신대학교 신학교 초빙교수, 부산중앙교회 은퇴목사)

박용표 목사님과 가까이 만나게 된 것은 노회임원을 같이 할 때였습니다. 서로 교회도 가까워 목사님의 교회는 광안리 바닷가에 있었고, 우리 중앙교회는 남천동 황령산 중턱에 위치해서 자동차로 5분이면 갈 수 있는 거리였습니다. 노회 임원회를 마치고 종종 같은 방향으로 가면서 목회나 교회 그리고 세상 돌아가는 이야기들을 많이 나누었습니다.

목사님은 한마디로 말한다면 열린 목회자상을 가지신 분입니다. 문화, 예술, 사회에 대하여서도 열린 사고를 가지시고, 세상 속에서 그리스도인과 교회를 언제나 생각하시는 분입니다. 기독교 신앙의 눈으로 우리 자신과 교회와 세상을 관찰하고 끊임없이 신앙을 새롭게 하려고 힘쓰시는 분입니다.

동시에 하나님의 말씀을 깊이 있게 통찰하고, 이해하는 영적 안목을 가지신 분입니다. 누구보다도 교회와 성도들을 사랑하며 힘을 다해 목양하시는 분입니다.

원고를 읽으면서 목사님의 삶과 신앙의 저변과 배경에서 생성된 목회적 신앙적 에세이일 것을 기대했는데 기대를 저버리지 않았습니다. 이 글 하나, 하나에는 말씀에 대한 깊은 통찰력과 세상에 대하여 열린 이해가 만나면서 우리로 하여금 더 큰 세상을 바라보게 합니다. 원고를 읽으면서 마음이 따뜻해지고 하나님과 사람을 사랑하는 선한 믿음으로 인도하고 세상을 바르게 살아야겠다는 생각을 다시금 하게 되었습니다.

자신의 생각을 글로 남기는 것은 쉬운 일이 아닙니다. 자판을 두드린다고 글이 되는 것은 아닙니다. 글다운 글은 삶속에서, 그리고 삶을 통하여, 삶의 열매로 나오는 것이기 때문입니다. 삶이 투영되지 않은 글은 진실과 생명이 없는 글이 되기 때문입니다. 이 글의 가치는 바로 목사님의 진실과 신앙의 생명이 담겨있다는 것입니다.

이 글을 읽는 사람들은 글을 통하여 목사님과 대화하게 될 것입니다. 그러면 목사님의 신앙과 삶을 느끼고, 자신을 돌아보게 될 것입니다. 바라기는 이 귀한 글들이 많은 독자들에게 근 지혜와 위로를 주고 믿음과 삶의 이정표를 다시금 단단히 하는 기회가 되기를 바랍니다.

세수를 한 것처럼 영혼을 개운하게

서재수(전 고신대학교 특임 부총장)

"주여, 영생의 말씀이 주께 있사오니 우리가 누구에게로 가오리이까!"

성도들은 당연히 하나님의 말씀을 읽고, 보고, 들으며 사는 사람들입니다. 그 말씀의 힘과 도우심으로 험한 세상을 이겨 나가는 삶이 성도들의 삶입니다. 그러나 일반 성도들이 성경 속으로 조금이라도 더 들어가려고 하면 가만히 앉아 있어서는 안 됩니다. 더욱 말씀에 대한 열정을 가지고 살아갈 때 가능합니다.

그러나 이것도 일상생활에서 지치다 보면 신앙 서적 한 권을 읽는 것도 생각보다 쉬운 일은 아닙니다. 좀 더 적은 시간을 투자하면서, 보다 읽기 쉽고 풍성한 영적 양식을 공급받았으면 좋겠는데 그런 책을 만나기가 쉽지 않습니다.

그러던 중에 수십 년 목회를 하시면서 성도의 마음을 헤아리고 또 그 말씀이 우리의 일상이 될 수 있도록 늘 기도하시고 말씀을 준비하신 목사님의 원고를 보게 되었을 때 바로

11

이런 신앙 서적이 필요하다는 강한 느낌을 받았습니다. 목사님의 메시지를 들을 때마다 이런 메시지가 책으로 만들어지면 얼마나 좋을까? 늘 생각했는데 마침내 책으로 만들어지게 되는 것은 우리 성도들에게는 감사한 일이 아닐 수 없습니다.

본서는 주제별로 정리하면서 5분이면 충분히 한 편을 읽을 수 있는 길지 않은 에세이입니다. 비록 짧은 글이기는 하나 저자가 수십 년의 목회 현장에서 성도의 생활에서 가져야 할 하나님의 말씀에 대한 생각을 더 깊게 깨달아 삶과 말씀을 일치하게 하려는 의도가 강한 책입니다. 원고를 읽어가면서 '아! 이것이다.', '이 말씀이 이렇게 연결되네!'라며 깊은 영적 통찰력을 발견하면서 감탄을 자아내었습니다. 어쩌면 저자가 현재를 살아가는 성도들의 생활과 환경을 잘 엮어 가도록 기도하며 노력한 결과가 아닐까? 생각합니다.

단 5분이면 세심한 영적 관찰로 만들어진 영혼의 양식을 한입 가득히 베어 먹을 수 있는 말씀의 잔치에 여러분들을 초대하고 싶습니다.

묵상이란 말은 단어가 다를 뿐 여러 종교에서 공통적으로 사용하는 말입니다. 여러 종교에서 모두 다 하는 것이 묵상이라면 묵상은 종교 생활 특히 기독교 믿음의 생활에서 빠뜨릴 수 없는 것이라고 강조점을 찍어 주고 있는 단어입니다.

묵상이란 말의 헬라어는 메디켈루스Medikelus에서 나온 단어로 약이란 뜻의 Medicine이며 여기에서 명상Meditation이 된 것입니다. 우리가 약을 먹고 시간이 지나면서 아팠던 몸이 치료가 되는 것처럼, 우리는 하나님을 묵상함으로 영혼의 질병을 고치고, 영혼을 강화하고, 영혼이 악에 넘어가지 않는 훈련을 하는 것입니다.

묵상은 대상을 깊이 생각합니다. 나를 위하여 하나님과 그의 말씀과 그의 행하심의 뜻을 깊이 생각하는 것이고, 곰곰이 생각하는 것이며 되새김질하는 것입니다.

이 책은 본문의 말씀들을 묵상하다가 느낀 것을 노트하다 보니 묵상과 에세이의 두 가지 성격이 같이 만들어졌습니다. 5분 분량으로 글의 양을 정하였으나 몇몇 글은 그 시간을 넘기도 하지만 5분이면 충분히 하루의 영적 의미를 새길 수 있도록 노력했습니다.

저가 유학 시절 어떤 신학과 교수님이 신앙 에세이를 책으로 만드시고 우리에게 그 책을 어디에서 읽고 있느냐고 물었습니다. 어떤 학생이 화장실에서 읽는다고 대답하자 교수님이 실망하시는 것을 보았습니다. 물론 장소가 중요합니다. 그러나 어디에서 읽던 우리에게 영적인 에너지를 공급받을 수 있다면 장소는 큰 문제가 아니라고 봅니다. 저는 독자들이 이 책을 지하철에서 잠시 앉자있는 시간에 펼쳐서 읽는 모습도 상상합니다.

단지 1분도 무엇엔가 집중하도록 내버려두지 않는, 그리고 보고 들어야 할 것이 차고 넘치는 시대 가운데 우리가 있지만 성도들의 하나님 생각은 멈추어서는 안 된다고 생각합니다. 더 깊은 묵상과 말씀 연구가 필요한 글들이지만 하나님께서 부족한 저에게 깨닫게 하신 작은 것이라도 나누고 싶은 마음으로 이 책을 만들게 되었습니다.

이 작은 책이 만들어지도록 어려운 목회 생활을 견디어 함께한 가족들과 친인척들과 믿음의 동역자들과 예닮교회 성도들과 30년 전에 부목사로 섬겼는데 여전히 저를 위하여 기도하시고 후원하신 잠실새내교회의 몇 분의 성도님들에게 진심으로 감사를 드립니다. 이분들에게 갚을 수 없는 빚을 지며 살아왔습니다. 또한 과분한 추천의 글을 써주신 총신대학교 신학교 초빙교수이신 최현범 목사님과 전 고신대학교 부총장이셨던 서재수 교수님과 출판이 가능하도록 도와주신 좋은땅 출판사와 그 가족들의 노고에도 감사를 드립니다.

이 책을 읽어가면서 은혜로운 부분이 있다면 그것은 하나님의 몫이고 어설프고 미흡한 부분이 있다면 그것은 저자의 몫입니다. 이 작은 글들이 영적 공해가 되지 않고, 영적인 청정기가 되기를 바라시는 하나님의 작은 소망이 이루어지기를 기대합니다.

박용표 목사

1부

큰 글자로
쓴 것을 보라

사랑하고 축복합니다/축복을 선포하라

여호와께서 모세에게 말씀하여 이르시되 아론과 그의 아들들에게 말하여 이르기를 너희는 이스라엘 자손을 위하여 이렇게 축복하여 이르되 여호와는 네게 복을 주시고 너를 지키시기를 원하며 여호와는 그의 얼굴을 네게 비추사 은혜 베푸시기를 원하며 여호와는 그 얼굴을 네게로 향하여 드사 평강 주시기를 원하노라 할지니라 하라. 그들은 이같이 내 이름으로 이스라엘 자손에게 축복할지니 내가 그들에게 복을 주리라.

민수기 6장 22절-27절

하나님의 가장 크고 중요한 계명은 십계명입니다. 십계명을 크게 양분하면 1-4계명은 여호와 하나님과의 관계에 대한 것이고, 5-10계명은 이웃과의 관계에 대한 것입니다. 하나님 사랑과 이웃 사랑이라는 두 개의 큰 틀입니다. 이 크고 중요한 계명을 다른 형태로 말한다면 그것은 축복문이라 하겠습니다.

축복문은 크게 두 부분으로 나누어져 있는데 첫 부분은 **하나님의 사랑**에 의지하여 기도와 간구로 구하는 것으로 하나님을 바라봄이며, 두 번째는 **이웃을 위하여 비는 기도** 즉 이웃 사랑이라는 틀을 가지고 있기 때문입니다.

우리는 당연히 저주나 악보다는 복을 좋아하고, 모두 복 받기를 원합니다. 우리가 어떤 중요한 행사에 가도 그 순서 안에는 축사가 있습니다. 그리고 인생의 가장 복된 날 결혼식 날에도 어김없이 주례자의 축사가 있습니다. 그만큼 축사는 형식이나 내용 면에서 타인을 위한다면 결코 빠질 수 없는 것입니다.

그런데 우리가 사는 세상은 축복보다는 저주나, 비난이나. 뒷담화가 더 많습니다. 이런 것들로 세상은 어둡고, 사람의 마음은 아픔으로 채워져 갑니다.

하나님의 마음은 어떨까요? 하나님의 마음은 우리와 근본적으로 다릅니다. 하나님은 우리를 사랑하시며 모두 잘되고 복 받기를 원하십니다.

성경에서 말하는 세 가지 종류의 축복문을 보면서 우리 모두에게 말씀 그대로 축복을 받고, 이루어지는 그런 행복한 삶을 살았으면 좋겠습니다.

축복의 종류를 크게 분류한다면 신축, 빌축, 자축으로 구분할 수 있습니다.

1. 신축神祝: 하나님께서 축복하라는 축복이 있습니다

우리 성도들이 가장 많이 듣기도 하고, 인용도 하는 축복문으로 민수기 6장 24절에서 26절까지의 축복문입니다. 그대로 옮겨 오면

> **"여호와는 네게 복을 주시고, 너를 지키시기를 원하며, 여호와는 그 얼굴로 네게 비치사, 은혜 베푸시기를 원하며, 여호와는 그 얼굴을 네게로 향하여 드사 평강 주시기를 원하노라."**

하나님께서 얼굴을 우리에게 드심을 여러 번역을 보면 하나님께서 따뜻한 눈길로 너를 감싸 주시고, 하나님께서 웃으시며, 귀엽게 보아주시며, 하나님께서 밝은 얼굴로 대하시고 은혜를 베푸신다고 번역하여 자녀에게 복 주시기를 마냥 기뻐하시는 부모의 사랑을 마음과 피부로 느낄 수 있도록 하였

습니다.

민수기의 축복문은 일명 제사장의 축복문으로 지금도 유대인들이 매번 안식일마다 회당에서 읽고 묵상하는 가장 대표적인 축복문입니다. 그러나 한 가지 의문은 '이 축복문이 구약시대에 이스라엘 백성들이 실제로 말하고, 예배/제사 시간에 선포된 것이 확실한 것인가?'였습니다. 그냥 떠돌아다니는 축복문이 아닌가 하는 문제였습니다.

1979년 케텝 힌놈이란 곳에서 제사장 축복문이 발견되었는데 은편자의 상태였습니다. 얇은 은을 종이처럼 만들어서 그 위에 글을 쓰고 그것을 종이 말듯이 말아서 남겨진 것입니다. 그 은편자는 2천 년이 넘은 1979년 가브리엘 바르카이 Gabriel Barkay 교수가 발견했습니다. 연구와 검토의 결과 이 축복문은 구약시대에 실제로 읽히고, 낭독되었던 것이 분명하다고 증명되었습니다.

즉 이 축복의 기도문이 항간에 떠도는 실체 없는 축복문이 아니라 분명한 하나님의 말씀이면서 실제로 선포된 역사적이며 신앙적으로 하자가 없다는 것입니다.

이 축복문의 가장 중요한 특징은 하나님께서 축복하라고

명령하셨고, 그리고 그 축복을 이루시는 장본인이 하나님 자신임을 드러내신 것입니다. 축복을 기도하는 사람이 기도는 하지만 그대로 될지, 안 될지 모르면서 하는 그런 기도가 아니라 하나님 자신이 보증인이 되는 기도라는 것입니다. 이 축복 기도가 끝나고 다음 절인 민수기 6장 27절에

"그들은 이같이 내 이름으로 이스라엘 자손에게 축복할지니 내가 그들에게 복을 주리라."

제사장들이 축복하면 하나님께서 주시겠다고 강력하고 분명한 약속을 하셨습니다.

이 축복문은 하나님께서 축복하라고 명령하셨고, 제사장이 축복하면 하나님이 이루어 주신다는 측면에서 축복이란 말을 다시 생각하게 합니다. 축복을 빌 '축'과 복 '복' 자를 사용하면서 어떤 분들은 하나님께 기도할 때는 '하나님의 축복'이라 하면 안 된다는 것입니다. 왜냐하면 하나님은 복을 주시는 주체이신데 하나님이 누구에게 복을 빈다는 것이냐는 것입니다.

그러나 이 축복문에서는 축복을 하라고 하나님 자신이 자신의 이름으로 하라고 명령하셨다는 것입니다. '복 주시기를

원하나이다.' 라든지 '복을 주옵소서.' 가 아니라 **주리라!** 라고 단언적이고 선포적이라는 것입니다. 더하여 그 내용까지 알려 주신 것입니다. 하나님은 "나의 백성을 축복하라!"는 것입니다. 즉 복을 빌지 말고 선포하라는 것입니다. 그러므로 축복은 단순히 비는 것이 아니라 하나님 자신을 선포한다는 의미를 갖게 되었습니다.

성도들은 하나님께 복을 비는 것이 아니라 하나님의 이름으로 복을 선포할 수 있게 된 것입니다. 만인 제사장 시대 성도는 당연히 선포할 수 있습니다. 우리는 하나님을 보증인과 증인을 삼아서 서로에게 복을 선포하면 좋겠습니다.

2. 빌축빌祝: 사람이 빌어 주는 축복이 있습니다

다윗 왕은 암몬 연합군과 큰 전쟁을 하게 되었습니다. 암몬은 강하고 잔인했습니다. 그리고 암몬 연합군은 3만 3천이라는 대군을 가지고 다윗과 맞서게 되었습니다. 다윗은 매우 힘들어했습니다. 깊은 시름에 빠졌습니다. 그때 백성들이 다윗을 위하여 기도합니다. 그 기도가 바로 다윗을 축복하는 것입니다. 시편 20편 1절에서 4절을 보면

"환난 날에 여호와께서 네게 응답하시고 야곱의 하

나님의 이름이 너를 높이 드시며, 성소에서 너를 도와주시고 시온에서 너를 붙드시며, 네 모든 소제를 기억하시며 네 번제를 받아 주시기를 원하노라. 네 마음의 소원대로 허락하시고 네 모든 계획을 이루어 주시기를 원하노라.”

전쟁의 위기 가운데서도 백성들은 다윗의 계획대로 모든 전쟁이 이루어져 승리하기를 하나님께 간절히 구하였고, 결국은 그 축복은 다윗왕의 승리로 나타났습니다. ‘그는 자기를 경외하는 자들의 소원을 이루시’는 하나님의 약속 위에 축복한 기도입니다.

우리도 나의 가족이나 이웃들을 위하여 이스라엘 백성들의 축복기도 “네 마음의 소원대로 허락하시고 네 모든 계획을 이루어 주시기를 원하노라.”고 했으면 좋겠습니다.

그리고 전쟁에서 승리한 다윗을 하나님은 “주의 아름다운 복으로 그를 영접하시고”라고 합니다. 하나님은 복으로 영접하셨다고 합니다. 우리의 매일, 매 순간을 하나님께서 복의 팔을 벌리시고 우리를 안아 주시는 하나님의 축복이 있기를 축복합니다.

3.자축自祝: 자기 스스로를 축복하는 축복이 있습니다

우리가 잘 아는 야베스의 기도입니다. 야베스는 흙수저 중의 흙수저로 태어났습니다. 야베스란 이름은 고통이란 뜻입니다. 신학자들은 야베스가 야베스인 이유를 말하는데 유복자일 가능성, 어머니가 난산했을 가능성, 정상적인 관계의 아버지가 아닐 가능성과 집안이 너무 가난하여 양육할 형편이 아니었을 것이라고 합니다. 아니면 이 모든 것이 합해진 경우일 수도 있습니다. 태어나서는 안 될 아이가 태어난 것입니다.

야베스는 태어나서 자신의 형편을 관찰해 보니 인간적인 측면에서는 정상적인 삶과 꿈을 이루는 것이 불가능함을 알았습니다. 그래서 오직 모든 것이 가능하신 여호와 하나님께 간절히 축복해 달라는 기도를 드린 것입니다.

역대상 4장 9절에서 10절을 보면 야베스를 소개하면서 9절에서는 야베스는 그의 형제보다 귀중한 자라고 합니다. 사실 이 문장은 10절 마지막에 붙어야 합니다. 하나님이 그가 구하는 것을 허락하셨더니 야베스는 그의 형제들 중에 더욱 귀중한 사람이 되었다는 말입니다.

다시 한 문장으로 정리하자면 야베스는 절망적인 환경 가운데 태어났으나 스스로를 축복해 달라고 하나님께 기도드렸더니 하나님께서 들으시고 응답하셔서 그는 존귀한 사람이 되었다는 것입니다. 후세 사람들은 그가 나중에 당시에 존경받는 율법학자가 되었다고 합니다.

중요한 것은 **자기 스스로를 축복하여도 하나님은 응답해 주신다**는 사실을 우리에게 말합니다. 하나님은 언제나 우리에게 복 주시기를 기뻐하신다는 하나님의 마음을 보여주는 것입니다.

야베스의 기도입니다.

야베스가 이스라엘 하나님께 아뢰어 이르되 주께서 내게 복을 주시려거든 나의 지역을 넓히시고 주의 손으로 나를 도우사 나로 환난을 벗어나 내게 근심이 없게 하옵소서 하였더니 하나님이 그가 구하는 것을 허락하셨더라.

역대상 4장 10절

축복하는 것, 축복을 비는 것, 그리고 축복을 받는 것은 잘못된 일이 아닙니다. 우리가 말하듯 기복 신앙과 복을 받으려는 동기와 목적이 문제일 뿐입니다.

　지금까지 언급한 3가지 유형 즉 신축과 빌축과 자축의 축복이 말씀을 읽고, 묵상하며, 섭취하는 가운데 모두에게 있기를 기도드립니다.

성탄 이야기

오페라로 파산한 헨델을 오라토리오로 살리신 하나님
성탄절이 12월 25일이 된 것은 하나님(신)의 한 수

오페라로 파산한 헨델을
오라토리오로 살리신 하나님

헨델의 메시아와 할렐루야 합창

내 백성을 위로하라

이사야 40장 1절

오라토리오 메시아는 실패의 굴곡이 없는 인기 있는 음악입니다

내 백성을 위로하라는 말씀은 헨델이 작곡한 메시아 중에 나오는 테너의 서창 첫 부분입니다. 성탄절이 되면 빼놓을 수 없는 음악이 바로크 음악 시대를 대표하는 헨델이 작곡한 기름 부음 받은 자란 의미의 히브리어 메시아입니다. 이 곡은 오라토리오란 형식을 사용하여 작곡한 기독교음악으로 이 곡은 드물게 초연 때부터 현재에 이르기까지 인기가 시든 적이 없는 작품입니다.

오페라로 파산한 헨델을 오라토리오로 살려 주신 하나님입니다

헨델은 본래 오페라 작곡가였고, 독일에서 영국으로 건너

와서 상당히 성공한 음악가였습니다. 당시 이탈리아 오페라가 대세였고, 그래서 주로 이탈리아식의 오페라를 작곡하고 연주를 했습니다. 그러나 점점 숙련된 이탈리아 가수들의 출연료와 오페라의 대, 내외적 비용이 급상승하면서 헨델의 호주머니는 갈수록 빈털터리가 되어 더 이상 오페라 공연도, 작곡도 할 수 없는 처지가 되었습니다. 또한 영국 작곡가들이 독일에서 온 헨델을 비난의 표적으로 삼았습니다. 헨델은 1737년 경제적으로 파산을 하고, 사회적으로도. 건강의 문제로도 모두 최악의 상태가 되었습니다.

헨델은 오페라의 음악적 양식을 그대로 유지하면서 오페라의 무대 장치나 의상이나 음악가들을 많이 동원하지 않으면서 연주할 수 있는 음악 양식을 찾게 되었습니다. 오리토리오가 바로 그 해답이었습니다.

마침 아일랜드의 더블린 음악자선단체Philharmonic Society와 데본샤 공작 류테난트 경의 초대로 작곡을 의뢰받았습니다. 헨델은 그야말로 지푸라기를 잡는 심정으로 음악을 작곡하였습니다.

그 절실한 마음과 환경에서 메시아 대본을 받고서 3-4주만에 메시아 전곡인 지금은 주로 52곡으로 구성된 곡을 작곡하였습니다. 본래 바흐에 비한다면 신앙심이 부족한 헨델이었지만 적어도 이 메시아를 작곡할 때만큼은 아니었습니다. 특히 고난 부분의 엘토 아리아 〈주는 멸시를 당하셨네〉를 작곡할 땐 회개의 눈물과 함께했다는 이야기도 전해집니다.

1742년 더블린에서의 초연이 성공하였고, 성공을 확신한 헨델은 재빨리 이 곡을 1743년 런던에서 공연하고, 그 공연에서 국왕 죠지 2세가 할렐루야 합창에서 벌떡 일어나 예수님을 경외했다는 소문이 일파만파 퍼지면서 메시아는 유럽을 넘어 미국 뉴욕까지 단숨에 진출하게 되었습니다. 메시아는 온 유럽과 미국에서 대성공을 거두었습니다. 하나님은 세속음악인 오페라로 파산한 헨델을 기독교음악인 오라토리오로 살려 주신 것입니다.

헨델은 작곡의 주 분야가 오페라였고 그는 공식적으로 42곡 이상이나 되는 오페라를 작곡했습니다. 메시아가 대성공을 하자 이 사실에 힘입어 **1741년** <데이다미아Deidamia>를 끝으로 더 이상 오페라를 작곡하지 않았고, 메시아는 그다음 해인 **1742년에 공연**을 합니다. 그때부터 헨델은 더 이상 오페라를 작곡하지 않았고, 그 대신 <메시아>를 포함하여 그 이후 16개의 오라토리오를 작곡하였습니다. 마치 하나님께서 "어이, 헨델! 이제는 오페라는 그만두고 오라토리오만 작곡하게!"라는 음성을 듣는 것 같습니다.

　인간의 위기가 하나님의 기회인 것처럼 헨델은 불행했지만, 헨델이 오라토리오 <메시아>를 작곡함으로 하나님은 행복하셨고, 그 행복의 열매를 결국 헨델이 먹게 된 것입니다. 어두움에 행하던 백성이 빛을 본 것과 같이 헨델은 예수 그리스도로 빛을 보았고 헨델의 사후 260여 년이 지나는 지금도 전 세계 사람들에게 예수 그리스도의 빛을 반사하고 있는 것입니다.

메시아 대본의 우수성

　메시아는 곡만 뛰어난 것이 아닙니다. 바로 대본도 탁월한 것입니다. 성경의 핵심이 예수 그리스도라고 한다면 이 대본은 그 핵심을 가장 신학적으로 성경적으로 빈틈없이 기술한 것입니다. 메시아 대본은 킹 제임스 버전의 성경과 영국 국교회 교리가 인정하는 메시아에 대한 성경 말씀을 가지고 온 것으로 메시아에 대한 예언과 일생과 고난과 부활과 영원한 생명을 기술한 것입니다.

　그러므로 메시아를 연주하기 위하여 진심으로 가사에 충실하게 연습하고, 노래를 했다면 그 사람은 성경의 핵심에 정통한 사람이 되는 것입니다. 구원받은 사람의 신앙 고백으로서도 부족함이 없습니다.

성경 공부를 하는 가장 중요하고 핵심적인 것이 이 대본 안에 있습니다. 이 대본 만큼 예수 그리스도를 자세하고, 정확하게 알려 주는 것은 흔하지 않습니다.

고전음악 전문가들은 바흐와 헨델을 비교하면서 바흐가 주로 하나님의 거룩함을 높이는 것을 작곡했다면 헨델은 인간의 반응을 중심으로 작곡했다고 합니다. 할렐루야나 마지막 곡인 죽임당하신 어린양과 아멘 코러스를 들으면서 가슴이 뛰지 않을 사람이 어디 있겠느냐! 하는 것이죠. 우리에게 영혼의 가슴이 펄떡이도록 하는 음악과 대본 즉 가사라는 것입니다.

바흐에게는 너무나 애용했던 그래서 가장 귀하면서도 아주 평범한 문장이 Soli Deo Gloria였지만 헨델에게는 약간은 생소한 것입니다. 그러나 헨델은 이 메시아에서 만큼은 마지막에 Soli Deo Gloria라고 썼다고 합니다.

신의 한 수 오라토리오 메시아

세상 사람들이 모두 크리스천은 아닙니다. 메시아는 부활절을 위하여 작곡했지만, 어느 순간인가 성탄절에 더욱 잘 어울리는 불후의 음악으로 자리를 잡았습니다. 이 메시아로 온 세상 사람들에게 주님을/여호와를 찬양하라는 할렐루야가 알려졌습니다. 그리고 정상적인 성장 과정을 한 사람이라면 할렐루야의 첫 소절을 모르는 사람이 이 세상에 어디에 있을 까요?

기독교인들이 이슬람의 뜻은 몰라도 이슬람교도들이 할 렐루야는 알고 있습니다. 기독교인들이 힌두교의 주신인 브라흐마, 비슈누는 몰라도 힌두교인들은 할렐루야는 알고 있습니다. 관세음보살이라는 뜻을 기독교인들은 몰라도 불교 인들도 할렐루야는 알고 있습니다. 점 보러 가서 할렐루야! 하면 재수 없다고 가라고 한답니다. 무속인들도 할렐루야는 알고 있습니다.

성탄절이 12월 25일 되어 연말 축제 분위기와 함께 있어서 전 세계 사람들이 결코 예수님의 탄생을 잊을 수 없는 것처 럼, 할렐루야라는 노래의 첫 소절로 온 세상 사람들이 성탄 절에 주님을 찬양하라는 것을 잊을 수 없게 만들었습니다.

성탄절이 12월 25일이 된 것은
하나님(신)의 한 수

성탄절에 대하여 지나친 상업주의, 연말의 흥청망청 분위기, 예수님의 탄생과 관계가 없는 세속화된 문화로 이것을 염려하는 부정적인 생각이 많이 있지만 긍정적인 면은 더 크다고 생각합니다.

성탄절이 시작되고, 고정되었습니다

313년 로마의 콘스탄티누스 1세가 밀라노칙령을 반포하면서 기독교에 자유를 주었지만, 사실은 이전부터 로마 내에서 기독교 인구의 급속한 증가와 세력으로 로마의 중심 종교가 되어있었습니다.

로마 교회는 로마의 사회, 종교, 문화를 빨리 기독교화시켜서 실질적으로 기독교를 로마의 중심에 두려는 아이디어를 생각하게 되었습니다.

가장 효과적인 방법을 구상하던 중 예수님의 탄생 이야기와 로마인들이 가장 크고 중요한 축제 행사를 통합하여 로마 제국에 뿌리를 내리는 것이었습니다.

로마 최대의 축제는 "정복당하지 않는 태양의 탄생일"이었는데 빛으로 오신 예수님의 탄생과 의미가 매우 유사하여 이 두 가지를 하나로 엮어서 만든 것이 성탄절입니다. 교황 율리오 1세가 350년부터 12월 25일을 성탄절로 공식적인 행사를 하여 로마의 태양신이 아닌 예수 그리스도가 참 빛이신 하나님의 아들로 받아들이게 했습니다.

성탄절의 날짜가 겨울로 정해진 것은 신의/하나님의 한 수였습니다

이것은 정말 훌륭한 생각으로 신의 한 수였습니다. 사실 우리가 12월 25일로 지키는 성탄절은 예수님의 탄생일이 아님을 누가복음 2장 8절에서 알려 줍니다. 목자들이 밤에 양 떼를 지킬 때 천사들이 예수님의 탄생을 알려 준 사건입니다. 이스라엘지역에서 들판에서 양 떼를 지키며 목축하는 시기는 봄에서 가을까지입니다. 즉 12월인 겨울에 태어나신 것이 아니라는 것이죠.

12월 25일은 로마의 동지와도 관계가 있기도 하지만 한 해를 보내는 마지막 주간이라는 의미 즉 축제를 즐기면서 한 해를 마무리하려는 분위기가 큰 역할을 한 것이었습니다. 한 해의 마무리 하는 시점에서 무엇인가 사람들을 연말 분위기를 고조시킬 명분이 필요하던 때에 성탄절이 형성이 된 것입니다. 이런 것 때문에 성탄절에 대하여 부정적인 생각을 하는 사람들도 있지만 깊이 생각을 해 보면 성탄절을 이 시기가 아닌 다른 날로 정했다면 분명히 로마 사회는 다른 신들의 축제로 만들었을 것입니다. 아폴로 축제나. 미트라교의 태양신 축제 같은 것을 12월 25일부터 1주간 계속되는 축제의 기간으로 만들었을 것이 분명합니다. 사도 바울은 그들은 이름도 알지 못하는 신을 섬길 정도로 범사에 종교성이 많다고 했습니다.

로마 교회는 이 좋은 시간과 계절적 분위기를 성탄절로 선점하면서 다른 이방 종교나 신화에 나오는 신들에게 양보하지 않았던 것입니다.

12월 25일이 예수님의 탄생하신 날임을 모르는 사람이 없게 되었습니다

비록 성탄절 문화에 문제가 있다 해도 중요한 것은 매년 종교적으로는 불교, 무슬림, 힌두교, 이름 없는 갖가지 종교에서 무신론자들까지도, 지역적으로는 저 깊고 깊은 산골짝까지에도 성탄절 종이 울리는 인종, 민족, 종교, 사상을 초월한 전 세계적인 절기가 되었다는 것입니다. 그렇다면 이보다도 성탄절인 예수님의 탄생을 광범위하고 효과 있게 알리는 탁월한 방법이 어디 있겠습니까!

전 세계의 대부분 국가에서 성탄절을 공휴일로 지정하고 있는데 어떤 나라는 하루를, 어떤 나라는 이틀을, 어떤 나라는 삼일을, 어떤 나라는 성탄절 휴가시즌이 있는데 어떻게 성탄절을 모를 수 있겠습니까? 〈참조: 위키백과 성탄절이 휴일인 나라〉 그렇다면 12월 25일이 성탄절이 된 것이야말로 신의 한 수가 아니고 무엇이겠습니까?

성탄문화의 세속화를 걱정하지 말고 기독교의 성탄문화를 개발해야 합니다. 세속문화 위의 그리스도를 생각해야 합니다.

성탄절 문화의 세속화됨을 너무 부정적으로 염려하지 않아도 됨을 성경에서 말씀하고 있습니다. 그리스도인과 비그리스도인이 맞이하는 성탄절은 의미도, 신앙도, 목적도 처음부터 다릅니다. 그리고 비그리스도인들이 단순히 성탄절을 연말의 축제로 즐기려는 것을 비난하거나 혐오할 필요가 없습니다.

예수님은 노아시대에 노아가 심판이 시기적으로 매우 임박한 것을 알렸지만 심판을 받은 사람들은 구원받을 수 있는 복음을 무시하고 먹고 마시고 장가들고 시집가면서 흥청망청하다가 심판의 재앙을 받았다고 하셨습니다. 세상 사람들 가운데서 성도들이 아무리 성탄절의 바른 문화와 의미를 알려 주어도 받아들이지도, 인정하지도 않는 사람들이 있다는 것입니다. 그리고 그것은 사람의 힘으로는 그 생각과 가치관을 변화시키는 것은 불가능함을 노아 시대를 견주어서 말씀하신 것입니다. 어쩔 수 없이 그냥 놓아두어야 할 수 밖에는 없습니다. 노아 홍수 때 물에 빠져 죽은 사람들이 노아의 책임이 아닌 것처럼, 성탄절의 의미를 알려 주는 성도들과 교회와 메시지가 있음에도 불구하고 단지 연말 축제에 지나지 않는 성탄절을 보내는 사람들의 책임이 곧 그리스도인의 것만은 아니라는 것입니다.

오히려 더 중요한 것은 기독교와 성도들이 성탄절의 영적인 의미에 더욱 강렬하게 집중하는 마음과 능력입니다. 성탄절 문화가 세속화되었다고 말하는 것은 세속화된 문화를 이기거나 대체할 기독교 성탄 문화가 없다는 말이기 때문입니다. 세속문화에 끌려가는 기독교라는 말입니다. 교회와 기독교가 세속화를 능가할 성탄절에 집중할 문화나 신앙의 의미를 가진다면 세속화된 것에 흔들려야 할 이유가 없기 때문이죠. 꾸준하게 기독교는 세속화된 성탄 문화와 구별된 기독교 성탄 문화를 개발하고 창조해야 하는 사명과 부담을 가지고 살아야 합니다.

그리스도인들 자신도 영적인 의미를 찾지도 못하고, 문화도 갖지 못하면서 세속화된 성탄 문화를 비난하거나 혐오한다는 것은 어리석은 일입니다. 성탄의 세속문화 위의 그리스도가 되어야 할 것입니다.

내가 맞이하는 성탄의 자세가 중요합니다

'구원의 거룩한 성탄'과 '세속화된 성탄', '경건한 성탄'과 '즐기는 성탄', '예수님이 주인 되는 성탄'과 '사람이 주인 되는 성탄'을 함께 할 수밖에 없고 이것은 매우 당연한 것 입니다.

결국은 '내가 맞이하는 성탄'이 어떤 것이냐! 가 중요합니다.

만나 이야기

한 끼 밥상도 힘든데……
때리는 분노보다도 먹여 주시는 사랑이 더 큰 만나
만나 속에 있는 하나님의 평등사상

한 끼 밥상도 힘든데……

이에 스스로 돌이켜 이르되 내 아버지에게는 양식이
풍족한 품꾼이 얼마나 많은가?

누가복음 15장 17절

어느 날 남편이 갑자기 친구나 지인을 데리고 집에 와서 밥을 같이 먹겠다고 하면 대부분 아내들은 매우 당혹스러워합니다. 그러면 남자들이 대체로 하는 말은 "그냥 밥상에 숟가락 하나 더 얹으면 되잖아!"라고 합니다. 아내는 마음으로 항변합니다. "그래, 바로 그 숟가락 하나 더 얹는 것이 힘들단 말이야!" 요사이처럼 밥을 잘 해 먹지도 않는 때는 한 끼 밥상은 더욱 부담이 될 수밖에 없습니다.

한 끼 차려 주는 것도 힘이 든다면 하나님께서 출애굽한 이스라엘 백성들을 40년 동안 한 끼도 빠짐없이 먹이신 것이 얼마나 크고, 놀라우며 자상한 은혜였는지 생각하게 됩니다.

구원뿐만 아니라 먹이시는 것도 열심인 하나님입니다

광야에서 만나는 마치 하나님의 식탁 위에 200만 개(대체로 장정 50만 명일 때 장정 포함 4인 가족으로 추정하여 200만 정도로 생각함) 가량의 수저를 얹어 놓고 이스라엘 백성들을 초대하여 먹이신 것입니다.

하나님의 열심이 우리를 구원하시는 것과 같이 하나님의 열심이 우리를 먹이십니다. 엘리야 선지자가 이스라엘에 가뭄의 시절에 시돈 땅 사르밧으로 갔을 때 그 땅에 한 끼 마지막 떡을 먹고 죽으려고 작정한 과부에게 먼저 자기를 먹이라고 합니다. 엘리야도, 과부도, 그녀의 아이도 알고 보면 불쌍합니다. 모두 떡 하나에 목숨을 걸고 있는 가련한 상황입니다. 그러나 하나님의 식탁은 풍성했습니다. 이들을 위하여 하나님의 식탁 위에 숟가락을 얹어 주시되 흉년이 끝나는 날까지 하셨습니다.

4천 명을 먹이신 이적에서는 제자들이 이들에게 먹을 것이 없다고 하자 예수님은 말씀하시기를 "길에서 기진할까? 하여 굶겨 보내지 못하겠노라(마태복음 15장 32절)."고 하셨습니다. 우리의 배고픔을 잘 아실 뿐만 아니라 굶주림에 마음을 아파하셨습니다.

예수님을 배반하고 낙향하여 자신의 어리석음을 한탄하

며 고기잡이하던 베드로에게도 떡을 준비하시고 조반을 먹으라고 하셨습니다. 육신의 양식을 먹이시며 베드로를 격려하시고, 여전히 사랑하고 계심을 보여주셨습니다.

예수님께서 무엇을 먹고 마실까를 염려하지 말라고 하신 말씀을 세상 물정 모르는 예수님의 말씀으로 생각하면 안 되는 이유입니다.

예수님은 많은 순간에 우리의 육신의 배를 채워 주시기 위하여 열심히 숟가락을 준비하신 분입니다. 하나님의 식탁 위에는 우리를 위한 숟가락이 언제나 준비되어 있고 즐비해 있습니다.

숟가락만 들고 나가도 굶주리지 않는 만나의 은혜입니다

만나는 색은 진주와 같고 모양은 갓씨와 같고 맛은 꿀을 섞어 만든 것과 같다고 했습니다. 이스라엘 백성들은 숟가락만 들고 나가기만 하면 매일 만나를 거두어 먹을 수가 있었습니다.

나의 삶이 지금 광야를 지나는 시간이라 하더라도 하나님은 나를 먹이시기 위하여 분주하십니다. 하나님의 식탁 위에 우리의 숟가락은 모자라지도, 부족하지도, 작지도 않습니다. 광야에서 만나는 나의 인생의 광야에서도 결코 굶주리게 하시지 않는 하나님께서 준비하신 숟가락입니다.

때리는 분노보다도
먹여 주시는 사랑이 더 큰 만나

그들에게 만나를 비 같이 내려 먹이시며 하늘 양식
을 그들에게 주셨나니 ......, 그들이 구한즉 메추라
기를 가져오시고 또 하늘의 양식으로 그들을 만족하
게 하셨도다.

시편 78:24절과 시편 105편 40절

사람은 돈으로 계산하지만 하나님은 영적인 계산을 하십니다

만나를 주심은 여러 가지 깊은 육적이며 영적인 의미가 있
습니다. 때로는 우리들이 오병이어의 이적을 볼 때 빌립이 2
백 데나리온의 비용을 말하면서 5천 명을 먹일 떡이 얼마나
큰 돈으로 환산되는지 관심갖습니다.

그러나 이것보다 더 중요한 것은 하나님과의 영적이며 심
리적인 관계입니다. 부모님들은 아무리 돈이 없고 먹고 살기
가 힘들어도 잘 자라 주는 자식만 있으면 견디며 삽니다. 그
런데 마음을 괴롭히면 그 부모도 자식을 포기하고 싶습니다.
그 표현이 바로 "이놈아, 나가서 죽어라!"입니다. 심리적으로

부모와 관계가 진공상태가 되었다는 증거입니다.

　그러나 하나님은 아무리 상황이 어려울 때도 자기 백성을 따뜻한 가슴으로 먹여 주시며 백성들과 하나님 사이의 간격을 진공상태가 아닌 사랑의 보살핌으로 채우셨습니다.

이스라엘 백성들은 하나님의 인내심의 바닥을 드러내게 한 대단한 사람들입니다

　이스라엘 백성들의 광야 40년 동안은 원망과 불평의 제조기 역사였습니다. 조금만 마음에 들지 않아도 모세와 아론을 돌로 쳐서 죽이겠다고 난동을 부렸습니다. 한 번은 하나님께서도 이스라엘 백성들의 악을 보시고 인내심의 바닥을 보였습니다. 출애굽기 3장 7절에서 12절의 내용을 보면 하나님은 진노하셨습니다. **"네가 애굽 땅에서 인도하여 낸 네 백성이 부패하였도다."**고 하시고, **그런즉 내가 하는 대로 두라 내가 그들에게 진노하여 그들을 진멸하고**(출애굽기 32장 10절)라고 하셨는데 이 말씀은 "모세야, 나를 말리지 말아라! 나는 더 이상 참을 수가 없어서 내 백성을 모두 죽여 버리겠다."는 뜻입니다. 하나님과의 관계가 막장까지 왔다는 것입니다.

　심지어 민수기 31장 6절에는 이스라엘 백성들이 하나님과 모세를 향하여 원망하자 물렸을 때 불에 데이거나 타는 듯한 고통을 받다가 죽는 불 뱀을 보내어서 징벌하셨습니다.

이사야서 1장 4절에는 이스라엘 백성들은 '행악의 종자'라고
도 할 정도로 막장 백성들이었습니다.

**만나는 진노 가운데서도 내 자식을 끝까지 챙겨 주시는 어머니
의 상차림입니다**

정말로 나가서 죽어야 할 놈들이었지만 이런 최악의 상태
에서도 하나님의 사랑 즉 진노 가운데서도 베푸시는 자비가
있는데 바로 **한 끼도 만나를 건너뛴 적이 없었다**는 사실입니
다. 막다른 길까지 가 버린 영적인 파기 상태에서도 하나님은
그의 백성들을 한 끼도 굶주리지 않게 먹이셨던 것이 만나를
통한 하나님의 밥상 사랑이었습니다. "죽일 놈! 죽일 놈!" 하
면서도 여전히 따뜻한 밥상을 차려 주시는 그런 어머니와 같
습니다.

만나는 때리는 분노보다도 먹여주시는 사랑이 더 크다는
것을 우리에게 오늘도 말씀해 주시는 증거입니다.
오늘도 만나는 우리 앞에 있습니다.

만나 속에 있는
하나님의 평등사상

"내가 곧 생명의 떡이노라. 너희 조상들은 광야에서 만나를 먹었어도 죽었거니와 나를 먹는 자는 먹고 죽지 아니하는 이것이니라."

요한복음 6장 48절

음식 은유를 통하여 예수님께서 만나의 두 가지 특징을 말씀하셨는데 하나는 만나를 먹고도 죽었다는 떡으로써의 만나이고, 다른 하나는 먹고 죽지 아니하리라는 영생의 말씀으로써 만나입니다.

광야의 만나와 생명의 만나에는 다름이 있습니다

만나를 언제까지 먹어야 하는가? 입니다. 광야의 만나로써 육신을 위한 만나는 가나안 땅에 들어갈 때까지만 먹었습니다. 여호수아서를 보면

그 땅의 소산물을 먹은 다음 날에 만나가 그쳤으니

이스라엘 사람들이 다시는 만나를 얻지 못하였고
여호수아 5장 12절

육신의 떡으로써 만나는 가나안 땅의 소산이라는 대체물이 있음을 말하고, 만나는 그 대체물이 등장함으로써 사라졌습니다. 육신의 양식은 언제나 더 좋은, 더 맛있는, 더 풍성한 것에 밀려서 더 이상 거들떠보지 않기도 하는데 그것이 만나였습니다.

그 대신 생명의 떡으로써 예수님 말씀의 가장 중요한 점은 "대체물이 없다."는 것입니다. 천국의 복음을 알리고 구원의 왕도를 가르치는 것에 예수님과 성경 말씀 외에는 대체물이 없습니다.

이사야 40장 8절 말씀에 **'풀은 마르고 꽃은 시드나 우리 하나님의 말씀은 영원히 서리라 하라.'**고 하셨고
사도 바울은 갈라디아서 1장 7절과 8절 말씀에

다른 복음은 없나니······ 우리나 혹은 하늘로부터 온 천사라도 우리가 너희에게 전한 복음 외에 다른 복음을 전하면 저주를 받을지어다.

고 하면서 생명을 살리는 복음의 유일성, 하나님 말씀의 유일성을 말씀했습니다.

만나가 일용할 양식인 것처럼 하나님의 말씀도 일용할 양식이 되어야 합니다
그처럼 영적인 양식도 매일 먹어야 할 이유가 있습니다.

첫째는 나의 삶의 환경이 계속 바뀌고 그것에 적응하고 대처하는 마음과 영적인 자세도 바뀔 수밖에 없다는 것입니다.

두 번째는 사탄의 전략도 바뀌면서 더욱 능수능란하게 나를 다루면서 넘어지게 하려고 하고 있다는 사실입니다.

세 번째는 사람들이 할 수 있는 생각의 한계입니다. 사람들은 삶에 상황들을 대처하기 위하여 생각합니다. 그러나 생각의 한계는 완벽한 방법을 찾지도 못한 채 생각하다가 지쳐 버린다는 것입니다. 생각은 지쳐 버린 나를 다시 일으켜 세워 줄 힘도 능력도 방법도 없습니다.

그러므로 삶의 유일한 기준이 되는 성경 말씀이 나의 삶을 살리고 윤택하게 하는 원천적인 방법과 능력을 공급받는 길입니다. 우리가 예수 믿고 난 이후로는 성경 말씀이 내 운명이 될 수밖에 없는 이유입니다.

만나는 완벽한 택배 기사인 하나님이심을 보여 줍니다

만나의 또 다른 신비로운 것이 무엇일까요? 바로 하나님께서 택배 기사가 되어 주시는 것입니다. 이스라엘 백성들이 광야에서 일정한 기간 동안 한 장소에서 정착하고 살 때도 만나는 하루도 빠지지 않고 내리고 메추라기도 내렸습니다. 또 이스라엘 백성들이 하나님께서 지시하시는 다른 장소로 이동할 때도 그들은 그들의 짐만 챙기고 가면 되었습니다. 성경은 한 번도 백성들이 먹어야 할 것을 힘들게 들고 간 적이 없다고 합니다.

들고 가시는 분은 눈에 보이지 않지만 하나님이셨습니다. 하나님이 택배 기사였기 때문입니다. 날씨의 궂음에도 영향받지 않는 택배이고, 택배 기사가 아파서 연착되는 일도 없는 택배이고, 도착 시간에 조금도 착오가 없는 완벽한 택배를 해 주셨습니다. 배달의 민족이 바로 하나님으로부터 온 것이 아닌지 모를 일입니다.

그러므로 이스라엘 백성들은 한 움큼의 식량을 가지고 다니지 않았어도 어디를 가든지 한 끼도 건너뛴 적이 없고, 굶은 적도 없었습니다. 하나님이야말로 세계 최초의 택배 기사이셨기 때문입니다.

그러므로 내가 너희에게 이르노니 목숨을 위하여 무엇을 먹을까 무엇을 마실까 몸을 위하여 무엇을 입을까 염려하지 말라.

마태복음 6장 25절

라는 예수님의 말씀이 이해됩니다. 예수님께서 우리에게 너희 하나님 아버지께서 먹을 것, 입을 것, 마실 것 모두 들고 따라오시는데 무엇을 걱정하느냐! 광야 40년 동안 신명기 29장 5절 말씀은

주께서 사십 년 동안 너희를 광야에서 인도하게 하셨거니와 너희 몸의 옷이 낡아지지 아니하였고 너희 발의 신이 해어지지 아니하였으며……

그렇다면 하나님께서도 우리에게도 여전히 그렇게 하실 것을 믿고 살아야 하지 않을까요?

우리가 걱정하는 건 무엇을 먹고, 마시고 입고에 대한 걱정이 아니라 좀 더 가지고, 좀 더 완전해지고, 좀 더 풍요로워지고, 죽을 때까지 걱정 없이 쓸 수 있는 것들을 원하기 때문은 아닌가요?

만나에는 하나님의 평등사상이 있습니다.

어떤 분이 말씀하시기를 '우리 인생에 평등한 것이 있다면 단 한 가지 죽음이다.'고 했습니다. 다윗도 모든 사람이 가는 곳이라고 했습니다. 열왕기상 2장 1절과 2절 말씀을 보면

다윗이 죽을 날이 임박하매 그의 아들 솔로몬에게 명령하여 이르되 내가 이제 세상 모든 사람이 가는 길로 가게 되었노니……

그러나 죽음만 세상 모든 사람에게 평등한 것이 아닙니다. 만나도 하나님의 평등사상임을 알 수 있습니다.

만나는 **질적인 면**에서 평등합니다. 이스라엘 백성들이 광야 40년 동안은 지도자 모세로부터 중다한 잡족 중의 이름 없는 사람에게까지 모두 만나와 메추라기를 먹었습니다. 출애굽한 사람들의 신분이나 경제적 능력이나 삶의 배경들이 모두 동일하지는 않았을 겁니다. 그러나 광야 40년 동안 먹었던 만나는 모든 사람을 동등하게 하여 주었습니다. 출애굽기 16장 35절에

사람이 사는 땅에 이르기까지 이스라엘 자손이 사십

년 동안 만나를 먹었으니 곧 가나안 땅 접경에 이르기까지 그들이 만나를 먹었더라.

고 합니다.

만나는 **양적인 면**에서도 평등하였습니다. 만나를 먹는 음식의 종류만 평등한 것이 아니라 음식의 양도 평등하였습니다. 모든 백성들이 먹는 양은 하루에 한 오멜 즉 2.2 리터입니다.

만나는 질적인 면에서나 양적인 면에서나 하나님의 평등사상을 보여주고 있습니다.

성경은 평등사상으로 가득 차 있습니다. 이사야 선지자는 이사야 55장 1절에서

너희 목마른 자들아 물로 나아오라. 돈 없는 자도 오라 너희는 와서 사 먹되 돈 없이, 값없이 와서 포도주와 젖을 사라

고 하셨는데 돈 있는 자는 물론이거니와 돈 없는 자도 즉

모든 사람을 가리키는 표현으로 모두에게 차별 없이 마실 물을 주신다는 약속입니다.

예수님께서도 이사야의 사상을 그대로 이어받아 요한복음 7장 37절 명절 끝날 곧 큰 날에 예수께서 서서 외쳐 가라사대 **누구든지 목마르거든 내게로 와서 마시라** 고 하셨습니다. 성경은 문자 그대로 진실로 기회는 평등하고 과정도 공정하신 하나님의 평등사상이 있습니다. 하나님은 우리가 아무리 어렵고 깊은 고민 속에 있다 하더라도 우리를 차별 대우 하지 않습니다. 차별은 언제나 사람들이 하는 것입니다.

해가 되지 않는다고 아무 것이나 먹어서는 안 됩니다

영상들을 보면 아침에 먹으면 좋은 음식이나, 노년에 먹어서는 안 되는 음식 등등 먹어서 좋은 것과 그렇지 않은 음식을 이야기합니다. 몸에 좋지 않은 음식만 먹지 않으면 좋을까요? 아닙니다. 먹어서 나쁘지는 않지만 그렇다고 그것을 다 먹어야 할 이유는 없습니다.

우리는 영적으로, 도덕적으로, 취향에 맞추어서 먹을 것이 너무 많은 시대에 살고 있습니다. 넘쳐납니다. 하루에도 결코 다 먹을 수 없는 볼거리, 즐길 거리, 들을 거리, 알아야 할 것들도 차고 넘치는 것입니다. 두뇌와 가슴에 과부하가 걸리고도 남음이 있습니다.

우리는 비록 이 세상에서 해악 된 것이 아니라 하더라도 그 것을 모두 먹을 필요는 없다는 것입니다. 그 대신 내가 정하여 먹는 것보다는 하나님께서 만나를 주시듯이 하나님께서 주시는 것을 먹어야 합니다. 그렇지 않으면 영양가 없는 것들로 나의 배가 차고, 더부룩해 집니다. 마땅히 나의 영혼의 배를 채워야 할 생명의 양식은 들어올 수가 없습니다.

세상은 중요하고 필요한 것만 가지고 우리를 현혹하는 것이 아니라 영양가 없는 부질없는 것들을 가지고서도 해롭지 않다는 명목으로 유혹합니다. 생명의 양식을 쓸모없는 먹을거리에 자리를 내어 주어서는 안 된다는 만나의 메시지가 있습니다.

이사야 선지자의 간절한 외침이 귀에 들리는 듯합니다. 이 사야 55장 2절과 3절의 말씀입니다.

> 너희가 어찌하여 양식이 아닌 것을 위하여 은을 달아 주며 배부르게 하지 못할 것을 위하여 수고하느냐 내게 듣고 들을지어다. 그리하면 너희가 좋은 것을 먹을 것이며 너희 자신들이 기름진 것으로 즐거

움을 얻으리라. 너희는 귀를 기울이고 내게로 나아
와 들으라 그리하면 너희의 영혼이 살리라.

너희 영혼을 살리는 영혼의 만나인 생명의 떡을 먼저 먹는
삶이 매일의 만나처럼 이루어졌으면 좋겠습니다.

문둥병자 4인 이야기

앉아서 죽기에는
확실한 하나를 가진 문둥병자들

앉아서 죽기에는

성문 어귀에 나병환자 네 사람이 있더니 그 친구에
게 서로 말하되 우리가 어찌하여 여기 앉아서 죽기
를 기다리랴!

열왕기하 7장 3절

앉아서 죽고 싶을 때가 많은 시대입니다

코로나 이후 삶의 질은 더욱 떨어지고 손도 써 보지 못하
고 앉아서 망연자실하는 사람들이 더 많아졌습니다. 엘리사
시대에 아람 왕 벤하닷이 사마리아 성을 '아사 작전'으로 공
격했습니다. 이 작전은 성공하여 사마리아 성안은 아기까지
죽여서 식량으로 먹을 지경이 되었습니다. 사마리아 성안의
사람들도 굶어 죽을 지경이지만 성 밖에도 굶어 죽을 수밖에
없는 4명의 나병환자가 있었습니다. 그들은 죽음이 필연적임
을 알고 살 수 있는 마지막 방법을 의논하고 실행할 것을 결
정합니다.

**우리가 가서 아람 군대에 항복하자 그들이 우리를
살려 주면 살 것이요 우리를 죽이면 죽을 것이라.
열왕기하 7장 4절 하반절**

며 오직 아람 군대의 손에 자신들의 생명을 맡기는 비장한 결단을 하였습니다. 목숨을 부지하는 희망은 오로지 아람 군대의 손에 달린 것입니다.

그러나 그들이 **앉아서 죽을 수 없다는 비장한 각오**에도 불구하고 그들이 살 수 있는 확률은 1%라는 실 같은 희망뿐이었습니다.

그 이유를 봅니다. 적국 아람은 나병환자들에게 줄 양식은 없거나, 주지 않을 것입니다.

첫째 이유는 아람 군대는 이스라엘을 굶겨 죽여서 전쟁에서 승리하려고 하는데 적국의 나병환자들에게 양식을 주어야 할 이유가 어디에 있을까요?

둘째 이유는 전쟁 중에 아무 쓸모도 없는 나병환자들을 무슨 이유로 먹여 살리겠습니까?

셋째 이유는 나병환자들은 정탐꾼일 수 있으므로 아람 군대는 그들을 먹여 살릴 이유가 없습니다. 그들은 나병환자로 위장한 이스라엘의 정탐꾼일 수 있다면 오히려 죽여야 할 이유만 있습니다.

죽을 확률이 99%입니다.

생명 보존의 가능성 1%를 100%로 바꾸어 주신 하나님입니다

놀랍게도 생명 보존의 실낱같은 희망 1%가 생명을 얻는 100%가 되는 현실이 되었습니다. 하나님께서 아람 군대를 몰아내셨고, 그들이 도망가면서 놔두었던 산더미 같은 군량미와 보물들이 있었기 때문입니다.

성경은 하나님을 힘입어 살았던 성도들의 역사입니다. 하갈은 아들 이스마엘이 목말라 죽는 것을 보고 아무것도 할 수 없는 자신을 한탄하며 앉아서 통곡했을 때 하나님께서 샘물을 발견하게 하셔서 그들을 살리셨습니다. 모세의 부모는 오직 기적을 바라보며 아들 모세를 광주리에 담아 나일강에 버렸는데 바로 왕의 공주의 눈을 통해 모세를 살리셨습니다.

30년 전에 읽었던 사회 정치학의 책 제목이 <위기의 시대>였습니다. 30년이 지난 지금은 더 위기에 처한 시대입니다. 사실은 이제 위기의 시대라는 특정한 시대가 있는 것이 아닙니다. 지금 살고 있는 매 순간이 위기의 시간을 살고 있는 것입니다.

뉴스에서 보고 듣게 되고, 인간의 생각으로는 받아들이기 힘든 사건이나 불안으로 몰고 가는 미래의 전망에 대한 것들은 단지 나에게 지금 일어나지 않은 사건들일 뿐이지 언젠가는 나에게 현실이 될 것들입니다. 위기는 불안을 불안은 염려를 만듭니다. 그런데 이제는 어떤 위기도 더 이상 불안과 염려일 수 없는 불감증 속에 살고 있는 우리들입니다.

성도들이 앉아서 죽을 수밖에 없는 절망과 사정은 셀 수 없이 많지만 1%의 삶의 희망을 100%의 살 수 있는 생명으로 바꾸어 주시는 분은 한 분 하나님이십니다. 시편 118편 25절에는

여호와여 구하옵나니 이제 구원하소서, 여호와여 우리가 구하옵나니 이제 형통하게 하소서.

'구원하소서.'라는 말은 히브리어 **호쉬아**란 말이고 '이제' 란 말은 **"나"** 라는 말로 부탁하는 말입니다. '호쉬아나'란 말의 의미는 고통과 위기 가운데 있는 우리를 '지금 구원하소서.'란 간절한 부르짖음입니다. 이 말이 우리가 잘 아는 마태

복음 21장 9절 말씀에서 보여주는 것처럼 예수님께서 **'주의 이름으로 오시는 이여 가장 높은 곳에서 호산나 하더라.'**는 환호를 들으시며 예루살렘 성으로 입성하신 것을 기억나게 합니다. 이들의 환호하는 소리는 **가장 높은 곳에서 주의 이름으로 오시는 이여 "지금 우리를 구원하소서!"**라는 의미입니다. 우리 성도들의 삶의 형태는 무수하게 다양하지만, 나를 구원하시는 유일한 방편은 예수 그리스도밖에 없다는 말씀이 아니겠습니까!

하나님은 우리의 99% 죽을 수밖에 없는 삶을 100%의 생명의 삶으로 자리를 옮겨놓은 분입니다. 사도행전 17장 18절에서 명료하게 말씀합니다. **우리가 그를(하나님을) 힘입어 살며 기동하며 존재하느니라. 생명의 근원이 하나님께 있을 뿐만 아니라 생명을 공급하시고, 구원하시는 능력도 하나님께 있다는 것입니다.**

예수님을 온전히 만나고 경험하고 난 뒤 부르는 복음송을 보면 **'세상에서 방황할 때 나 주님을 몰랐던'** 사람임을 고백하는 것입니다. 그러나 예수님을 경험하기 전의 이들보다 더 불신앙과 연약한 성도들이 있습니다. 그들은 **'주님을 알고도 세상에서 방황하며'** 죽으려고 하는 성도들입니다.

살기 힘든 나날이지만 1%의 삶의 희망을 100%로 완성 시
키는 나의 주 나의 하나님을 바라보며 굳게 살아봅시다.

확실한 하나를 가진 문둥병자들

나병환자들이 그 친구에게 서로 말하되 우리가 이렇
게 해서는 아니 되겠도다. 오늘은 아름다운 소식이
있는 날이거늘 우리가 침묵하고 있도다. 만일 밝은
아침까지 기다리면 벌이 우리에게 미칠지니 이제 떠
나 왕궁에 가서 알리자.

열왕기하 7장 9절

성도들은 복음의 정체성을 가져야 합니다

성도들이 때로는 자신보다 사회적 신분이 좋거나 경제적
으로 풍성한 불신자들에게 복음을 전하라고 하면 기가 죽습
니다. 특히 그 불신자들이 '너나 잘 믿고 잘 살아라!'는 듯한
반응을 보이면 더더욱 복음 전하는 것이 망설여집니다. 그래
서 상당수의 성도들은 자신과 사회적 경제적 수준이 비슷하
거나 조금 약한 사람들에게 접근을 해서 복음을 전하는 경
우들이 많습니다.

복음이 우리를 더 잘살게 해 주고 사회적 에스컬레이터를

타게 하는 것이라고 믿으면 나보다 더 나은 사람에게 복음을 전하기 어려워집니다.

문둥병자들이지만 아름다운 소식을 가진 사람들입니다

연일 이스라엘의 사마리아 성은 죽어 가는 사람들이 나오게 되면서 아람 사람들의 '아사작전' 전쟁은 큰 성공을 거두었습니다. 그 전쟁 가운데 굶어 죽을 수밖에 없었던 성 밖의 거주자인 4명의 문둥병자들이 있었는데 그들이 아람 군대를 찾아갈 때는 배가 고파 죽을 지경이었지만 하나님께서 아람 군대를 쫓아 버리시자 텅 빈 아람 진영의 모든 음식과 재물들의 주인이 되었습니다. 이제는 아람 군대 진영 안에 있는 양식을 먹으며 배가 고파 죽을 운명에서 배가 불러 죽을 지경이 되었습니다.

그들이 정신을 차리게 되자 열왕기하 7장 9절에서

"나병환자들이 그 친구에게 서로 말하되 우리가 이렇게 해서는 아니 되겠도다. 오늘은 아름다운 소식이 있는 날이거늘 우리가 침묵하고 있도다. 만일 밝은 아침까지 기다리면 벌이 우리에게 미칠지니 이제 떠나 왕궁에 가서 알리자!"

하고 그들은 **자신들을 받아 주지도, 믿어 주지도 않을 사마리아 성**을 향하여 갔습니다.

자신들보다 삶의 수준이 한 수 높은 사람들에게도 전했습니다

현실을 보면 성 밖으로 쫓겨 나가서 사는 문둥병자들보다는 그래도 성안의 사람들이 자신들보다 한 수 위의 삶을 사는 사람들입니다. 문둥병자들보다는 더 안락하고, 더 자유롭고, 더 좋은 잠자리에, 더 좋은 음식과, 더 좋은 문화, 더 풍부한 경제생활을 하면서 살아가고 있는 사람들입니다. 4명의 문둥병자들은 밑바닥 수준의 삶을 살고 있고, 그래서 무슨 말을 해도 믿어 주지 않을 만큼 온전한 정신의 사람으로 인정도 하지 않는 상황입니다.

그러나 이 순간에는 그들은 성안 사람들의 생명줄을 쥐고 있는 비밀 즉 그들을 먹여 살릴 수 있는 양식이 있다는 사실입니다. 사회적 차별과 냉소에도 불구하고 그들은 당당하고 담대하게 성에 가서 이 아름다운 소식을 알릴 수 있는 이유였습니다. 하나님께서 그들의 등불을 켜시고, 그들의 어두움을 밝혀 주시고, 생명의 떡을 안겨주시니 그들은 아람 군대의 것을 자신들만 아니라 사마리아 성의 모든 사람을 살리는 주역을 감당한 것입니다.

아래로부터의 복음입니다

고대 로마가 복음화될 때 귀족들부터 즉 위로부터가 아닌 종들과 노예들로부터 즉 아래로부터 복음으로 로마를 정복했습니다. 결국 아래에 해당하는 성도들이 확실한 복음의 비밀과 정체성을 가진 것이라는 것입니다. 4명의 문둥병자들은 성안의 사람들을 살릴 수 있는 확실한 생명의 양식이 있었기에 자신들보다 한 수 높은 또는 몇 수가 높은 삶을 사는 백성들에게도 이름다운 소식을 알릴 수 있었습니다.

문둥병자들은 복음을 가졌습니다. 성안의 사람들이라도 이 아름다운 소식을 듣고, 믿지 않으면 죽을 수밖에 없음을 믿고 확신하는 하나, 즉 한 방을 가지고 있다면 문둥병자들처럼 우리도 복음의 정체성을 분명하게 할 수 있습니다.

복음은 나의 가진 것과 성공의 여부와 동일한 수준의 것이 아니라 모든 생명을 살리는 절대적인 것임을 믿고 확신해야 합니다. 중요한 것은 '내가 가지고, 믿고 있는 이 복음의 비밀만이 사람들을 살릴 수 있는 아름다운 소식이라는 확신이 있느냐?'입니다. 이 확신이 믿음입니다. 사도 바울은 에베소서 6장 19절 말씀에서

또 나를 위하여 구할 것은 내게 말씀을 주사 나로 입

을 열어 복음의 비밀을 담대히 알리게 하옵소서 할
것이니.

라고 했습니다. 나의 손안에 들려 있는 복음은 어떤 것인
가요? 나 자신도 살리지 못하는 **무가치한 복음**인가요? 그 어
떤 권력자와 재력가들에게도 반드시 알려야 할 **초 가치의 복
음**인가요?

요셉 이야기

귀하지 않은 사람은 없다
거기 있어야 하는 요셉
므낫세를 지나 에브라임

귀하지 않은 사람은 없다

그곳에 친위대장의 종 된 히브리 청년이 우리와 함께 있기로 우리가 그에게 말하매 그가 우리의 꿈을 풀되 그 꿈대로 각 사람에게 해석하더니, 그 해석한 대로 되어 나는 복직되고 그는 매달렸나이다. 이에 바로가 사람을 보내어 요셉을 부르매.

창세기 41장 12절에서 14절 상반부

사람들은 일반적으로 다른 사람과 관계를 형성할 때 유용성으로 평가하고 관계를 맺으려 합니다. 나에게 도움이 될 것 같은 사람과 그렇지 않은 사람을 마음으로 재단하고 친분을 맺을 때가 많습니다. 더 나아가 도움이 될 만한 사람과는 관계의 끈을 놓지 않으려고 물질과 시간을 아낌없이 투자하기도 합니다.

도움이 될 만한 사람이라고 판단하는 기준은 언제나 나의 입장에서입니다. 그렇지만 언제나 나의 판단과 입장이 옳을 수는 없습니다. 즉 나에게 누가 유익하고 귀한 사람이 되는지 우리가 알 수 없다는 것입니다.

요셉이 시위대장의 감옥에 갇혔을 때 술을 맡은 관원장과 떡을 맡은 관원장이 함께 있었는데 떡을 맡은 관원장이 바로 왕의 생일에 목 베임을 당한 것을 볼 때 구체적으로 어떤 죄인지 성경이 말하고 있지 않지만, 왕에게 큰 죄를 지은 것이 확실합니다. 그러므로 술을 맡은 관원장은 자신의 목숨이 감옥에 있는 동안에도 경각에 달려 있음을 알고 안절부절 하였습니다.

술을 맡은 관원장은 다른 사람 즉 요셉의 사정을 배려해 줄 수 있는 상황이 전혀 되지 않은 상황이었죠. 술을 맡은 관원장은 요셉을 구하려고 감옥에 온 사람이 절대로 아니라는 것입니다. 그러나 결과적으로는 요셉은 술을 맡은 관원장의 중재로 감옥에서 구출되었고, 애굽에서 바로 왕 다음의 제2인자(사브낫바네아)가 되었습니다. 술을 맡은 관원장은 자신의 계획이나 의지와 전혀 상관없이 요셉을 구출하는 절대적인 역할을 한 것입니다.

선지자 엘리사 시대에 아람의 왕 벤하닷이 사마리아성을

포위했을 때 성안에 있는 사람들은 굶주려서 자식까지 잡아먹는 절박한 상황이 되었습니다. 그러나 아람 군대가 도망가고, 군대가 가져온 온갖 곡식과 보화가 있어서 이제는 사마리아성의 모든 사람이 살았다는, 기쁜 소식을 알려 준 사람은 저주받고 버림받은 성 밖의 4명의 문둥병자들이었습니다.

사람들 가운데는 평소에 잘하는 사람들이 있고, 위기에 잘하는 사람들이 있습니다. 평소에는 무기력하거나 유용성이 없어 보이는 사람들이 있습니다. 그러나 우리가 위기에 빠졌을 때 결정적 도움을 주는 사람이 예상치 못한 사람일 때가 있지 않습니까? 이런 일들을 통해 우리에게 유익하지 않은 사람은 없음을 보여줍니다. 내가 환난이나 위험에 또는 고난 속에 있을 때 누가 나에게 술을 맡은 관원장이나 4명의 문둥병자의 일을 할지 아무도 모르기 때문입니다.

그렇다면 우리에게 귀하지 않은 사람은 없습니다.

거기 있어야 하는 요셉

바로의 술 맡은 관원장은 전직을 회복하매 그가 잔을 바로의 손에 받들어 드렸고, 떡 굽는 관원장은 매달리니 요셉이 그들에게 해석함과 같이 되었으나, 술 맡은 관원장이 요셉을 기억하지 못하고 그를 잊었더라.

창세기 40장 21절에서 23절

사람이라면 누구든지 어렵고 힘든 자리에 있거나 그 자리를 지키려고 하지 않을 것입니다. 간혹 어려운 자리를 지키려 하는 사람이 있기는 하지만 그 자리를 원하여서가 아니라 부득이 지켜야 할 경우가 많을 것입니다.

요셉의 간절한 부탁에도 불구하고

요셉은 술을 맡은 관원장에게 당신이 복귀하게 되면 꼭 나를 기억해서 나를 이 감옥에서 나가게 해 달라고 부탁했습니다. 얼마나 간절한 부탁이었을까요!

불행하게도 술을 맡은 관원장은 그 직위가 복귀되었으나 요셉은 잊어버렸습니다. 요셉의 딱한 사정과 시간은 속절없이 흘러가고, 한 가닥 희망의 사건도 생기지 않았습니다.

하나님께서 요셉을 감옥에서 속히 이끌어 주셨으면 하는 안타까움이 많이 듭니다. 젊은 요셉에게 너무 가혹하고 잔인한 형벌로 보입니다. 요셉은 2년이나 더 감옥에서 한편으로는 답답하고 한편으로는 간절하게 좋은 소식을 기다리는 삶을 살아야 했습니다.

만약 '요셉이 술을 맡은 관원장의 도움으로 빠르게 출소를 했다면 어떻게 되었을까?'를 생각해 봅니다

첫 번째는 술을 맡은 관원장도 겨우 복귀가 되었는데 바로 왕에게 노예로 팔려 온 촌뜨기 노예 청년의 석방을 위하여 노력했을까요? 그 당시 널려 있는 것이 노예들이고 그들은 대부분은 부당한 환경들로부터 고난을 당하고 있다고 아우성이었습니다. 술을 맡은 관원장이 섣불리 요셉의 석방을 말했다가는 거절당하고 나면 요셉의 석방문제는 재심받을 기회마저 날아가 버릴 수 있습니다.

두 번째로 만약 요셉이 감옥에서 나올 수 있다고 하더라도 이제는 노예 신분으로 의식주를 해결해야 하는데, 먹고 살기 위하여 애굽의 온 동네를 노숙자처럼 일자리를 구하며 헤매고 돌아다녀야 했을 것입니다.

만약 2년 뒤에 술을 맡은 관원장의 노력으로 꿈을 해몽할 사람으로 요셉을 찾으러 감옥에 갔는데 그곳에 요셉이 없었더라면, 요셉의 행방을 알 수 없는 상황이 되었을 것이고, 요셉은 영영 왕 앞에 불려 갈 수도 없고, 총리가 될 기회도 없었을 것입니다. 그렇다면 요셉과 하나님의 계획에 해피엔딩은 없었을 것입니다.

세 번째는 요셉이 출소 후에 그렇게 가고 싶었던 아버지가 계시는 고향으로 돌아갔다는 생각을 해 봅니다. 야곱은 아들들에게 속아서 악한 짐승에게 요셉이 물려 죽은 것으로 알고 스올에 내려가는 고통을 받았습니다. 그런데 요셉이 살아서 돌아왔고 요셉을 제외한 아들들의 거짓과 흉계를 알게 되었다면 야곱의 집안은 어떻게 되었을까요?

만약 누군가 책임을 지거나 야곱의 복수심으로 아들 중의 한 사람이라도 죽임을 당하거나. 책임을 지고 집에서 추방당하거나, 감옥 같은 곳에서 처벌받았다면 어떻게 되었을까요?

이 사건의 핵심 중의 하나가 12형제가 모두 **half brother**

어머니가 서로 다른 반쪽짜리 형제들의 사이였다는 것입니다. 그런데 각각 형제들이 모두 결혼하여 자녀를 두고 있었는데 자손들을 합치면 아버지 때 12형제보다 더 많으므로 더 크고 심각한 갈등이 일어나지 않았을까요? 자녀들이 자신의 아버지를 위하여 싸우거나 갈등을 일으킨다면 그 자손들이 세대를 이어 두 번째 갈등이 시작되지 않았을까요? 요셉이 고향집으로 가는 것은 최악의 시나리오입니다. 야곱의 온 가족들이 요셉때문에 다시 갈등의 불을 지피는 것이 요셉을 통한 하나님의 뜻일까요?

요셉의 살길은 오히려 감옥 안이었습니다

그러므로 요셉의 살길은 빠른 출소가 아니라 2년 동안이라는 어려운 세월을 감옥 안이라는 그곳에 있어야 하는 것입니다. 요셉의 감옥은 어렵고 힘든 자리이지만 요셉의 회복과 영광이 오기 전까지 있어야 할 대기실 같은 곳이었습니다.

다니엘은 사자 굴이라는 죽음의 자리에 가야 했습니다. 그 죽음의 자리, 사자 굴에서 다니엘은 구원받았으며 다리오 왕의 입을 통하여 **"다니엘의 하나님 앞에서 두려워하라! 그는 살아계신 하나님!"**이라는 선포가 있었습니다. 다니엘의 영광과 권위는 편안하고 안전한 집이나 집무실에서 얻어진 것이 아니라 누구든지 가고 싶지 않은 자리 즉 사자 굴에서 얻어졌습니다.

비록 모든 고난의 자리가 영광의 자리는 아닐지라도 하나님께서 침묵하시지만, 그곳이 하나님께서 원하시는 고난의 자리라면 나의 회복과 영광의 지름길이 되는 자리가 됩니다.

오늘도 어떤 형태의 삶의 자리라 하더라도 버겁고, 힘든 자리를 믿음으로, 하나님을 생각하며 지키고 있는 분들에게 요셉과 다니엘을 바라보면서 응원합니다.

므낫세를 지나 에브라임

요셉이 그의 장남의 이름을 므낫세라 하였으니 하나
님이 내게 내 모든 고난과 내 아버지의 온 집 일을 잊
어버리게 하셨다 함이요, 차남의 이름을 에브라임이
라 하였으니 하나님이 나를 내가 수고한 땅에서 번
성하게 하셨다 함이었더라.

창세기 41장 51절과 52절

창세기가 비록 옛날이야기로 가득 차 있지만 인기가 있는
것은 삶의 이야기 life-story가 많기 때문입니다. 그 라이프스
토리가 매우 다른 시대와 다른 문명에 살고 있는 지금도 많
은 것을 가르쳐 주고 우리 인생을 인도하기 때문입니다.

창세기 저자는 창세기를 끝낼 때 긍정과 희망을 기대하도
록 합니다. 야곱이 자손들에게 축복한 것이 그렇고, 요셉의
삶에 대한 결론을 미래에 던져 놓고 끝내기 때문입니다.

요셉의 스토리는 행복했으나 고통의 씨앗이 심겨진 가정에서 시작하여 애굽에서 고통의 삶으로 이어졌다가 그곳에서 창성하고 잘되는 것으로 전형적인 해피엔딩 스토리입니다. 전형적인 일생이지만 사실 많은 사람들이 기대하는 것 즉 처음엔 힘들어도 나중에는 잘되었으면 좋겠다는 공통의 소망을 완성 시킨 사람이기도 합니다.

그러나 나중이 잘된 사람들이 늘 그러듯이 그냥 잘되는 일은 없다는 것을 또한 우리에게 보여줍니다. 요셉은 그 인생을 회오리 속에 집어 던진 것은 4명의 어머니로부터 출생한 배다른 반쪽 형제로 half brother 12명 때문입니다. 요셉을 죽이고 싶을 정도로 미워한 형제들과 아버지 야곱의 편애가 그 시작이었습니다. 그래서 요셉이 그 인생에서 풀어야 할 가장 중요하고 큰 문제 중의 하나가 이 집에서 시작된 갈등과 그 갈등으로 만들어진 고난을 해결하는 것입니다.

요셉이 과거와 얼마나 치열한 싸움을 하며 살아왔는지는 그가 결혼하여 첫아들을 낳고 지은 이름이 증명합니다. 므낫세라고 했는데 그 뜻이 **하나님이 내게 내 모든 고난과 내 아버지의 온 집일을 잊어버리게 하셨다는 것입니다.**

요셉이 처음으로 행복한 시간 속에서 살게 되었을 때 가장 먼저 한 것이 과거를 잊어버리기를 소원한 것입니다. 대부분

가정은 자녀를 얻으면 그 이름 속에 많은 의미를 둡니다. 희망의 이름, 장래에 이름난 사람이 되는 소망의 이름, 행복한 삶을 사는 이름 등등입니다. 므낫세는 반대로 미래가 아닌 과거의 괴로움이 성공리에 해결되기를 소망한 이름입니다. 동시에 요셉이 첫아들에게 붙인 이름의 뜻은 결국 형들과의 관계와 형들이 자신에게 행했던 과거의 행동들을 결코 잊을 수 없는 것이었음을 보여줍니다.

요셉은 이성으로 과거를 잊어버리는 일을 했습니다

많은 그리스도인들이 과거로부터 받은 아픔을 해결하기 위하여 몸부림치기도 하고 울고 하소연하며 하나님께 매달리기도 합니다. 상처의 치유와 위로를 받음으로 원망스러운 과거를 잊어버리려고 합니다. 요셉이 형들과 대면하고 방성대곡을 한 것을 보면 그만큼 사무친 과거의 괴로움이 많았음을 알려 줍니다.

감성적인 위로와 해결이 있어야 하지만 한계가 있습니다. 감성적 해결은 악순환을 만듭니다. 감성적으로 과거의 상처로부터 치유가 되었다 하더라도 감성은 어떤 시간에 그 과거가 만져지면 다시 과거 상태로 돌아가는 그런 악순환이 잘 일어납니다.

요셉을 보면 이런 감성적 해결을 추구하지 않았음을 봅니다. 요셉은 하나님께서 자신을 이끌어 오신 이유를 알에 되었습니다. 형들에게 이렇게 말합니다.

> **하나님이 큰 구원으로 당신들의 생명을 보존하고 당신들의 후손을 세상에 두시려고 나를 당신들보다 먼저 보내셨나니, 그런즉 나를 이리로 보낸 이는 당신들이 아니요 하나님이시라.**
>
> **창세기 45장 7절과 8절 상반절**

요셉은 명확하고 확고한 하나님의 뜻을 이해함으로 과거의 모든 불행한 짐들을 풀어놓을 수 있었습니다. 요셉은 상처의 치유와 위로를 감정적인 측면보다는 하나님께서 이해시키는 신앙적, 이성적인 이해에 바탕을 두었습니다.

요셉은 하나님 중심 사상으로 자기중심 사상을 극복한 사람입니다

성경에는 나오지 않지만 요셉 일화를 그린 영화에서 요셉이 고난 가운데 하나님께 하소연하는 말이 있는데 바로 Why are you doing this to me!라는 말입니다. 하나님 도대체 나에게 왜 이러십니까! 이 한 문장만큼 요셉의 깊은 고난을 잘 표현하는 말은 없을 겁니다. 요셉은 우리가 흔히 상처들로부터 겪는 심리적 불협화음, 사람들에 대한 두려움이 불러온 대인 기피적인 상태, 치유가 이루어지기 전에는 자기 파멸적인 마음속에서 살았는지 모릅니다. 그래서 요셉을 감싸고 있는 것은 혼란과 적대심과 분노였습니다.

요셉의 강점은 하나님의 뜻을 알았을 때 그 앞에 자신의 과거에 받았던 아픔과 괴로움의 짐을 내려놓았다는 것입니다. 이 사실은 요셉이 자기중심적인 것이 아니라 하나님 중심의 사람이었다는 것을 알게 합니다.

우리의 많은 상처들은 주관적인 나 중심적인 마음에서 상황을 이해하고 해석하려는 경우들이 많습니다. 그래서 하나님의 뜻이 중요하기보다는 내가 얼마나 마음이 편안해지고 위로를 받았느냐! 에 중심이 옮기게 되고, 그러다가 또 그 상처가 리마인드되면 과거의 원망으로 되돌아갈 때가 많습니다. 요셉은 하나님의 뜻을 알았을 때 자신의 감성에 충실한 자기중심적인 자세를 견지한 것이 아니라 하나님의 용서하시는 은혜에 자신의 불편한 마음과 감정을 묻어 버렸습니다.

어떤 영화 〈밀○〉에서처럼 내가 용서하지 않았는데 하나님이 용서했다고 하면서 나에게는 용서를 구하지 않아도 되느냐! 하는 것은 타당성이 있는 말이지만 동시에 자기중심적인 마음임을 보게 됩니다. 그러나 요셉은 하나님께서 용서하셨다면 다 된 거지…… 라는 하나님 중심적인 마음이 결코, 용서할 수 없었던 형들의 과거 만행을 용서하는 데 성공한 것입니다.

하나님께서 용서하실 수 있는 것이라면, 하나님께서 용서하셨다면, 하나님께서 용서하라고 말씀하신 것이라면 용서하고 잊어버리겠다는 것이 바로 요셉이었습니다.

새로운 시대를 여는 에브라임입니다

요셉은 눈물을 흘리면서 괴로운 과거의 감성을 흘려버리고, 하나님의 뜻을 이해함으로 새로운 시대를 열었습니다. 어떤 사상가가 말하기를 "용서는 과거를 변화시킬 수 없다. 그러나 미래를 넓혀 준다."고 했는데 바로 요셉이 그렇게 했습니다. 잊어버릴 과거를 잊어야만 미래를 열 수 있다는 것을 잘 알았던 사람입니다. 아들 므낫세가 바로 그런 말입니다.

그러나 요셉의 이야기는 에브라임으로 발전합니다. 에브라임은 미래의 소망을 말합니다. 에브라임은 "하나님이 나로 나의 수고한 땅에서 창성하게 하셨다."는 뜻으로 지은 이름이고. '이중의 풍작', '두 배로 열매를 맺는'이란 말입니다. 그

러므로 하나님께서 요셉을 그 수고한 땅 애굽에서 번성하게 하실 것입니다. 성경은 증명하기를 애굽왕이

> **자기의 인장 반지를 빼어 요셉의 손에 끼우고 그에게 세마포 옷을 입히고, 금 사슬을 목에 걸고, 자기에게 있는 버금 수레에 그를 태우매 무리가 그의 앞에서 소리 지르기를 엎드리라 하더라. 바로가 그에게 애굽 전국을 총리로 다스리게 하였더라.**
>
> **창세기 41장 42절에서 44절**

고 합니다. 이 정도 창성했으면 충분하지 않을까요? 요셉은 애굽의 역사서에도 오랫동안 장수하며 애굽을 잘 다스린 사람으로 기록에 남아 있다고 합니다.

어떤 유명한 발명가도 "과거는 모두 잊었다. 나는 미래만 보고 있다."라고 말했는데 에브라임은 요셉이 그렇게 살도록 했습니다.

우리는 에브라임의 축복을 받고 살고 싶어 하지만 결코 가까이 있는 것은 아닙니다. 에브라임은 므낫세를 통과한 사람에게 주어지는 축복이며 은혜입니다. 우리 성도들이 에브라

임의 은혜 안에서 살았으면 좋겠습니다.

요셉은 두 가지 길을 보여줍니다. 하나는 "더 잘 살기 위하여 용서하고 잊어라!" 하는 것이고 다른 하나는 "용서하고 잊어버려서 더 잘 살아라!" 하는 것입니다.

착한 이야기

착함을 요구하시는 예수님

충성하는 착한 사람의 롤 모델 엘리에셀

착함을 요구하시는 예수님

잘하였도다. 착하고 충성된 종아.

마태복음 25장 21절

이 말씀은 좋지만, 부담스러운 말씀 중의 하나인데 대부분은 교회 일을 열심히 하라는 설교의 본문 중의 대표적인 것이기 때문입니다. 그러나 그런 뜻만 가지고 있는 것은 아닙니다. 이 말씀은 하나님의 마음을 이해하는데 있어서 중요한 단서를 가지고 있습니다. 예수님께서 달란트 비유를 통하여 다섯 달란트와 두 달란트를 더 남긴 종들을 칭찬하시면서 착한 종이라 하였습니다. 그 반면 한 달란트를 받아서 밭에 숨겨 둔 종에게는 악한 종이라고 했습니다.

일을 맡기신 예수님의 판단 기준은 무엇일까요?

의문이 드는 것은 왜 일을 맡겨 놓고 그 일을 한 사람을 평가할 때 업무적 평가 즉 계획, 준비, 홍보, 실행, 성공적 여부, 경영의 능력으로 평가를 하지 않으시고, 도덕적 평가인 착하고 또는 악한이라는 말씀으로 하셨는가? 하는 것이죠!

착한 마음 선한 마음이 없다면 결코 주인에게 충성할 수 없기 때문입니다. 게으른 일꾼, 눈치껏 일을 하는 사람, 회사의 것을 훔치거나, 거짓 재정 보고를 할 수 있고, 요사이 자주 등장하는 법인카드의 용도를 개인적으로 사용할 수도 있고, 산업 스파이처럼 회사의 중요한 기술 정보를 누출하거나 파는 사람 등등 여러 가지 형태로 회사나 소유주에게 불이익이나 경영상의 어려움을 줄 수가 있기 때문입니다.

예수님께서는 충성하여 사람이 상을 받음에 기본은 착함이라고 했습니다. 그렇다고 이 말이 업무 능력은 없어도 착하기만 하면 된다는 것은 아닙니다. 5달란트와 2달란트 남긴 사람은 분명히 업무적 능력이 있었기 때문에 그런 결과를 가지고 온 것이 틀림없습니다. 그러나 그 배경에는 착함이 기초가 되어야 한다는 말씀입니다. 5달란트와 2달란트를 맡은 사람의 특징은 그들이 착하였기 때문에 열심히 일하여 주인에게 부끄럽지 않은 사업을 했다는 것입니다.

착한 마음은 자연인들에게 있는 착함 즉 법이 없어도 살 사람이란 착함과는 다릅니다. 성경은 하나님의 영으로 새롭게 되지 않고는 선한 사람은 아무도 없다고 합니다. 우리가 간혹 듣는 말은 저 사람은 법이 없어도 살 사람인데 왜 저런 일을 저질렀을까? 하는 말입니다. 법이 없어도 살 사람조차 도 그 착함과 도덕성은 부족합니다. 시편 53편 3절에는

선을 행하는 자 없으니 한 사람도 없도다.

고 했고 사도 바울은 이 말씀을 받아서 말씀하기를 .

"기록한바 의인은 없나니 하나도 없으며 깨닫는 자 도 없고…… 다 치우쳐 한 가지로 무익하게 되고 선 을 행하는 자는 없나니 하나도 없도다."

로마서 3장 10절에서 12절

라며 더 절망적으로 말했습니다. 이것은 마치 율법적 의가 하나님의 의를 만족시키지 못함과 같습니다.

진정한 착함은 성령의 새롭게 하심으로 이루어집니다.

성경은 하나님의 영으로 새롭게 되지 않고는 선한 사람이 될 수 없다고 합니다. 에베소서 5장 8절과 9절 말씀은

"너희가 전에는 어둠이더니 이제는 주 안에서 빛이

라 빛의 자녀들처럼 행하라. 빛의 열매는 <u>모든 착함</u>과 의로움과 진실함에 있느니라."

신약성경에 사도행전 11장 24절에 착한 사람이 소개되는데 바로 바나바입니다.

바나바는 착한 사람이요 성령과 믿음이 충만한 사람이라.

여기서 연결되어 발견되는 단어들이 보입니다. 착한 사람=성령이 충만한 사람=믿음이 충만한 사람입니다.

예수님께서도 마태 13장 8절에서 말씀하시기를 좋은 땅이어야 30배, 60배, 100배의 좋은 결실을 얻는다고 하셨습니다. 마태복음 7장 17절에서는 좋은 나무가Good tree가 아름다운 열매를 맺는다고 하셨습니다. 사도 바울은 선한 양심이라고도 말합니다. 두 성경의 말씀을 보아서 결국은 성령으로 빛의 삶을 사는 사람들이 가진 공통점은 착함입니다. 이들 착함을 입은 사람들이 결국은 복음을 위하여서도 헌신합니다. 주인을 위하여 거짓과 야망이 없는 충성을 합니다. 계산적인 가룟 사람 유다는 그렇지 못했습니다.

실적이 좋은 사람도 중요하지만, 착한 사람은 더 중요하다는 것입니다. 성경의 일관된 관점은 착한Good 종, 좋은Good 땅, 좋은Good 나무가 모두 좋은 열매를 맺는다는 사실입니다. 착함은 단지 도덕적 아름다움만으로 끝나거나, 비생산적인 것이 아니라 탁월한, 즉 좋은 생산물을 만들어 낸다는 불변의 진리입니다.

나 자신의 착함을 단련해야 합니다

우리는 다른 사람을 평가할 때 단호하고 무서운 잣대를 가집니다. 인성입니다. 인성이 좋지 않은 사람으로 몰아붙이면 상대방은 살길이 없습니다. 그런데 정작 우리 자신은 인성이 좋은 사람으로 훈련하지 않습니다. 즉 나쁜Bad 인성을 비난하면서 좋은Good 인성은 훈련하지 않는 경우들이 많습니다. 착한 사람은 착한 인성으로 드러나야 할 것입니다.

교회 일도 가시적이든, 진심이든, 열심히 하는 것도 중요하지만 그 속에 착함이 반드시 있어야 함을 말합니다. 열심과 열정이 착함을 대신하지 않는다는 사실을 기억해야 하겠습니다. 때로는 착함이 없는 열심이 교회의 많은 부정적인 일들을 만들어 내기도 하기 때문입니다.

부담스럽기는 하지만 우리가 착한 사람으로 가시적이든 비가시적이든 맺고 있는 열매가 무엇인지 생각하는 믿음으로 살았으면 합니다.

충성하는 착한 사람의 롤 모델 엘리에셀

나를 보내어 내 주인에게로 돌아가게 하소서.
창세기 24장 56절

일석이조는 효율성을 그리고 덤으로 얻는 유익함을 잘 표현하는 말입니다. 동시에 능력의 상징이기도 하고, 바쁜 일상과 시스템 속에 살아가는 사람들로서는 효율성이기도 합니다.

아브라함은 엘리에셀에게 이삭의 아내를 구해 오라고 했습니다
아브라함의 늙은 종 엘리에셀은 주인의 명령을 따라 이삭의 아내를 구하기 위하여 가나안 땅 브헬라해로이를 떠나 메소포타미아에 있는 도시 하란까지 갔습니다. 아브라함의 나이 140세이고, 아내 사라가 죽은 지 3년이 되던 해였고, 아브라함은 늙어 먼 여행은 불가능한 상태였습니다. 아브라함은 더 늦기 전에 아들 이삭의 아내 보기를 원했습니다. 아브라함은 엘리에셀을 매우 신뢰하였습니다. 엘리에셀이 종이었지만 양자로 삼아서 나중에 상속자로 만들려고 했던 사람입니다. 지금도 아브라함의 재산과 집안의 관리자였습니다. 그리고 이번 여행은 이삭의 아내를 구하는 것인데 가나안 땅에 있는 이방 여자와의 결혼을 부정하고 여호와 하나님을 알고 있는 며느리 보기를 원했습니다. 그 일을 엘리에셀에게 맡긴 것을 보면 영적인 안목과 수준도 아브라함을 결코 실망시킬 사람이 아니었음을 알 수 있습니다.

엘리에셀에게 일석이조의 기회가 찾아왔습니다

나홀 성에 도착한 엘레에셀은 기도하였고, 그가 기도한 대로 순적히 이삭의 아내가 될 리브가를 만났습니다. 모든 일정은 계획대로 하나님의 은혜가운데 진행이 되었습니다. 리브가의 오빠인 라반과 리브가의 어머니는 '며칠이나 십 일쯤' 더 있다가 갈 것을 간청합니다.

이것이 일석이조의 기회가 아니겠습니까? 이 기간 동안 메소포타마야의 문명들을 관광할 수 있는 절호의 기회였습니다, 이삭의 아내도 구했고, 여독도 쌓여 있고, 리브가의 가족들도 쉬어 가라고 하고, 며칠 늦게 아브라함에게로 돌아간다고 아브라함이 책망할 수도 없는 것이고……. 게다가 엘리에셀 자신도 나이가 많아 이 멀고 먼 메소포타미아를 구경하기 위하여 다시 여행한다는 것은 현실적으로 매우 어려운 상황이었습니다. 엘리에셀은 일석이조의 기회를 누릴 충분하고도 완벽한 조건이 되었습니다. 그 당시 최고의 문명지 가운데 한 곳인 메소포타미아를 관광하고 싶지 않았겠습니까? 그러나 엘리에셀은 단호하게 **"나를 보내어 내 주인에게로 돌아가게 하소서."**(창세기 24장 56절)라고 말합니다. 800km 이상을 달려온 그 길을 하룻밤만 자고 다시 800km가 넘는 브엘라해로이로 돌아간다는 것입니다.

여기까지 온 김에 ~~~~의 정서

대체로 사람들은 "여기까지 온 김에~~~~" 조금 쉬고, 구경도 하고, 맛있는 것도 먹고, 재미있게 놀고 가자! 라고 합니다. 하룻밤이라도 좀 더 지내면서 쉬자고 합니다. 이런 제안을 혼자 거절하기가 어렵고, 분위기 때문에 동의할 수밖에 없는 경우가 많습니다. 그리고 거절하면 꼰대니, 앞뒤가 막힌 사람이니, 융통성 없는 사람으로 바보 취급당하기가 쉽습니다. 특히 엘리에셀과 함께 온 종들이 일석이조 기회를 날려버리는 그를 보고 배려심도, 융통성도 없는 늙은이라고 원성이 높았는지 모릅니다. 같이 온 종들은 이렇게 주인에게 충성한다고 아브라함이 알아줄 것도 아닌데 기회만 놓친 어리석은 사람으로 보았을 것입니다.

엘리에셀은 아브라함을 위하여 자신의 즐거움을 포기했습니다

엘리에셀은 일석이조의 좋은 기회를 포기합니다. 아브라함이 간절하게 며느리의 소식을 기다릴 것을 마음에 그리면서 메소포타미아를 즐길 수 있는 며칠간의 여유를 포기합니다. 며느리를 한 시간이라도 빨리 보고 기뻐할 주인의 즐거움을 위하여 자신의 즐거움을 포기합니다.

예수님은 그 앞에 있는 즐거움을 위하여 십자가를 참으신(히브리서 12장 2절) 것처럼 엘리에셀은 주인의 즐거움을 위하여 자신의 즐거움을 기꺼이 포기한 착하고 충성된 사람입니다. 주인에게 진심이고, 충성함에 진심인 사람입니다.

엘리에셀은 오직 주인의 소원을 이루기 위하여 기도했고(창세기 24장 12-14절), 오직 혼인성사에 집중하였으며(창세기 24장 33절), 오직 이삭의 아내 얻었음을 빨리 알려 주인에게 기쁨 주기를(창세기 24장 54—56절) 원했던 착한 사람이었습니다. 엘리에셀은 "온 김에 ~~~" 며칠 동안의 메소포타미아 관광에 시간을 보내는 것과 착하고 충성된 종 엘리에셀이라는 명예와 교환하지 않았던 것입니다.

나름대로 이름이 있는 유튜버이면서 사역을 하는 장로님의 간증을 들어 보았습니다. 그분이 한 번은 캐나다로 집회를 가셨는데 하나님께서 자기 마음에 말씀해 주시기를 "네가 집회하는 동안 관광을 다니지 않고 집회만 집중한다면 성공적인 집회가 되게 하겠다."는 것이었습니다. 그리고 캐나다 동부 그 아름답고, 관광할 것이 많은 곳에서 오직 집회만 하고 귀국했다는 간증입니다.

사명을 행함에 곁눈 팔지 말라는 말씀으로도 이해가 됩니다. 한동안 정치권에서 사용했던 말 좌고우면도 생각나게 합니다.

어떤 분이 쓴 짤막한 글이 있습니다.

모든 걸 내려놓고
쉬고 싶을 때도 많았을 텐데
책임과 의무를 놓지 않고 견뎌 줘서 고마워

사람의 마음을 뭉클하게 합니다. 일석이조의 기회를 포기하여 어리석어 보이는 엘리에셀이지만 그의 우직한 충성함에 진심인 사람이 가슴에 새겨지는 이유는 무엇 때문일까요?

고난 이야기

가상칠언 묵상
고통의 극대화에서 의미의 극대화로

가상칠언 묵상

예수님께서 십자가 위에서 운명하실 때 하신 7가지 말씀을 가상칠언이라고 합니다. 이 말씀은 예수님께서 친히 순서대로 하신 것이 아니라 복음서 기자들이 기록한 것을 시간의 순서에 따라 재배열 것입니다. 예수님은 죽는 순간에도 구원의 귀중한 말씀을 하셨습니다. 예수님께서 남긴 유언은 없지만 가상칠언을 우리가 유언의 말씀처럼 생각하며 묵상하는 것은 큰 의미가 있습니다.

아버지여 저들의 죄를 사하여 주옵소서.

누가복음 23장 34절

예수님의 진정한 사랑은 사랑할 수 없는 사람을 사랑하신 것이고, 용서할 수 없었던 사람까지도 용서하신 것입니다.

오늘 네가 나와 함께 낙원에 있으리라.

누가복음 23장 43절

천국에 들어갈 사람은 누구인가? 권력자도, 뛰어난 사람도, 선하게 산 사람도 아닙니다. 자신이 지옥에 들어가는 것이 당연하다고 고백하는 죄인이며 회개하는 사람입니다.

보라, 네 어머니라.

요한복음 19장 27절

신앙의 사람은 부모와 가족에 대한 의무를 버리는 사람이 아닙니다. 심지어 죽어서도 가족을 염려하는 사람입니다. 예수님은 일생 동안 어머니를 잘 모셨던 분 이었습니다.

엘리 엘리 라마 사박다니.

마태복음 27장 46절

하나님께까지 버림받는 것은 가장 쓰라린 고통이고 최후의 비참함입니다.

내가 목마르다.

요한복음 19장 28절

예수님은 아직도 세상 사람들이 자신을 믿지 않음과 그들을 온전히 구원하지 못하심에 목말라하십니다. 예수님에게는 영원히 목마를 필요가 없는 참된 음료와 구원의 샘을 십자가에서 완성하셨습니다.

다 이루었다.

요한복음 19장 30절

십자가의 죽음은 고칠 수 없는 인간의 본질적 죄성을 고치는 것입니다. 예수님은 생명의 창조자이시면서 그 생명의 고장 난 것을 가장 완벽하게 고치시는 수리공입니다.

아버지여 내 영혼을 아버지 손에 부탁하나이다.

누가복음 23장 46절

인간의 편에서 예수님의 죽음은 비참한 것이지만 예수님과 하나님의 편에서는 구원을 이루시고, 완성하시는
기쁨과 성공의 순간입니다.

고통의 극대화에서 의미의 극대화로

그가 먼저 많은 고난을 받으며 이 세대에게 버린바
되어야 할지니라.

누가복음 17장 25절

예수님의 십자가 죽음은 육신의 고통에 초점을 맞추어진 것이 아닙니다

아버지여 할 만하시거든~~~

지나치게 예수님의 육체적 고통에만 치우친 영화가 있었습니다. 한때 유명한 영화배우(멜 깁*)가 감독한 예수님의 십자가 죽음에 대한 영화가 그 고통의 처참함을 앵글에 초점을 맞추어 우리에게 섬뜩함을 주었던 기억이 있습니다. 아쉬움은 예수님의 비극적인 처참함을 너무 강조하여서 예수님께서 왜? 무엇 때문에? 고통을 받아야 하는지, 예수님께서 당하신 고통의 의미를 찾아내기가 어려웠다는 것입니다.

만약 예수님이 당하신 고통의 처참함의 강도가 높을수록

그가 이루신 구원의 완성도가 높아지거나 완전해진다면 예수님보다 더 깊고 큰 고통을 당한 사람이 예수님보다 더 큰 구원자가 될 수 있지 않을까요? 일부 힌두교의 수도사들의 고행이나, 중세 기독교 수도사들이 했던 고행이 예수님의 고통보다 더 위중한 것이었다면, 예수님이 당하신 고통의 심각성이 구원을 완성한다는 것에 얼마나 치명적인 도전이 될까요? 아무리 고통이 크고 깊다 하더라도 고통에서는 우리의 죄악을 용서하거나 고칠 능력이 나오지 않습니다. 예수님께서 바늘방석 위에서 가부좌를 하고 3년을 앉자 계시면서 지독한 괴로움에 시달렸다고 해서 그 고통이 우리의 죄 사함과 무슨 관계가 있을까요?

고통과 고난의 다른 의미를 봅니다

고통과 고난의 다른 점에 여러 가지 견해가 있지만 그중 의미 있는 것은 고통은 몸과 마음의 아픔을 뜻하고, 고난은 아픔을 유발하는 원인이나 상황이라고 구분합니다. 고통은 자신이 지은 죗값이나 부주의로 당하는 것이고, 고난은 자신이 고통을 받아야 할 이유가 없지만 외부의 여러 가지 정황이 고통을 가져다주는 것입니다.

성경적으로 구분을 해 보자면 고통은 자기가 죄를 지어 당하는 것이고 고난은 자신은 잘못이 없으나 하나님을 생각하며 고통을 당하는 것으로 볼 수 있습니다. 사도 베드로는 베드로전서 2장 19절에서 20절에서 말씀하시기를

"부당하게 고난을 받아도 하나님을 생각함으로 슬픔을 참으면 이는 아름다우나 죄가 있어 매를 맞고 참으면 무슨 칭찬이 있으리요?"

라고 하셨는데 죄가 있어 매 맞음은 고통으로, 부당하게 고통을 받는 것을 고난이라고 정의해 볼 수 있습니다.

예수님은 우리의 죄 때문에 부당하게 고난을 받으신 것입니다. 예수님의 십자가를 고통의 관점이 아닌 고난의 관점을 보아야 하고 고난의 관점은 바로 나의 죄와 허물이 예수님으로 하여금 격심한 고통을 당하게 하셨다는 죄의 자백적 관점에서입니다.

우리는 십자가에서 영적인 타락과 스스로 구원할 수 없는 심각한 죄의 성향을 보아야 합니다
예수님의 고통당하심의 강도가 결코 얕은 것은 아니지만 예수님의 고통당하시고 십자가의 죽으심은 나의 죄와의 상

관관계에서 바라보아야 합니다.

성경 이사야 53장 5절을 중심으로 질문을 먼저 해 봅니다. 예수님은 왜? 창과 가시에 찔리셨나? 그는 왜? 상하셨나? 그는 왜? 징계를 받으셨나? 그는 왜? 로마 군인들에게 채찍을 맞으셨나? 하는 질문이 없는 묘사적인 고통의 나열과 과장된 처참함만으로는 의미가 없다는 것입니다.

예수님의 고통에는 분명한 등가가 있습니다. 그의 찔림과 나의 허물, 그의 상함과 나의 죄악이라는 등가입니다. 예수님의 십자가에서 죽으신 죽음의 핵심적인 관점은 나의 허물과 죄악의 안경을 쓰고 예수님의 고통을 바라보아야 합니다. 이 안경에 초점이 가장 잘 맞을 때 비로소 예수님의 고통은 나에게 의미를 주기 시작하는데 그가 징계받음으로 나에게 평화가, 그가 채찍에 맞는 그 소리가 내가 지은 죄악의 고질병을 고쳐 주시는 전환과 등가의 기적이 일어나게 됩니다. 그러므로 예수님은 자기를 위하여 고통을 받아야 할 이유가 없는데 나의 죄 때문에 그는 고난을 당하신 것입니다.

고난을 감성적으로 바라보아서도 안 됩니다
고난 주간에 예수님께서 십자가를 지심과 죽으심을 바라

보며 성도들이 눈물로 반응합니다. 그 눈물이 때로는 자신의 죄를 바라보며 흘리는 눈물로 이해하기도 합니다. 그러나 그 눈물이 나의 허물과 죄라는 회개 위에서 나오는 눈물인지 아닌지 섣불리 판단하기 어렵습니다. 삶이 고단해서 흘리는 눈물인지, 지금 당하고 있는 개인적인 어려움 때문인지, 여러 가지 서럽고, 외톨이가 되어서 흘리는 눈물인지, 인생의 여러 가지 풀리지 않는 고민 속에서 흘리는 눈물인지....... 이런 개인적인 어려움이 예수님의 십자가상의 고통과 동일시되면서 눈물을 흘리고 그것이 스스로 회개의 눈물이라고 믿고 있는지 모릅니다.

예수님은 우리 인생의 작은 신음소리에도 귀를 기울여 주심이 틀림이 없지만 십자가의 죽음만은 나의 허물과 죄의 심각함의 관점에서 의미를 가집니다.

즉 나의 고통과 예수님의 고난을 동일시하는 것은 오류입니다,

고통의 극대화에서 의미의 극대화로 나아가야 합니다

의미의 극대화는 나의 허물과 죄의 심각성이고 이것을 깨닫고 예수님께서 십자가에 못 박히게 될 때 나에게 부활이라는 영광의 십자가가 되는 것입니다. 예수님께서 당하신 고난의 정점은 죽을 고통을 받았다는 것에 있는 것이 아니라 부

활입니다. 예수님의 잉태와 출생과 선교와 고난과 부활과 하나님 나라라는 점층적인 구속사의 의미를 고난을 통하여 볼 수 있어야 합니다. 예수님께서 당하신 십자가의 고난이 결론이어서는 안 된다는 것이죠.

고난주간에 십자가를 바라보지만, 여전히 내 속에 허물과 죄를 해결하지 못하여 겹겹이 쌓이고만 있는 것은 아닐까요? 여전히 십자가를 바라보면서 사망의 잠을 자는 것은 아닌가요? 십자가는 '우리'의 허물과 죄를 위함이라고 하면서 '나'는 빠지고 있지는 않은지 묵상해 봅니다.

예수님께서 우리의 허물과 죄를 바라보시면서 아파하심은 끝이 났습니다. 이젠 나의 허물과 죄악을 바라보면서 아파해야 할 일이 남아 있습니다.

나는 얼마나 아파하나요?

부활 이야기

부활은 이성과 신앙 모두를 만족시키는 사건
아브라함의 부활 신앙은 맹목이 아니라 이성이다/Abraham reasoned

부활은 이성과 신앙
모두를 만족시키는 사건

**예수는 우리가 범죄 한 것 때문에 내 줌이 되고 또한
우리를 의롭다 하시기 위하여 살아나셨느니라.**

로마서 4장 25절

부활은 인간의 이성을 초월하는 사건이라 논쟁이 많습니다

사도행전 17장 32절에 바울이 에피쿠로스학파 사람들과 스토아학파 사람들과 부활에 대하여 토론을 하자 어떤 사람들은 죽은 자의 부활을 조롱하였다고 합니다.

부활 사건만큼 성경 안에서 핫이슈가 된 주제도 없을 겁니다. 그만큼 이해하기도 어렵고, 받아들이기도 어렵고 그러므로 믿기는 더 어려운 일이기 때문입니다. 예수님 당시에도 정통 유대인인 사두개인들도 부활을 믿지 않았던 것으로 보면 때로는 처음부터 믿을 수 없는 일인지도 모릅니다.

예수님께서 죽으시고 사흘 만에 부활하신 일이 그 당시 유

대 사회에서 아주 큰 사건이 되었습니다. 동시에 부활을 부정하려는 생각들이 쏟아져 나왔습니다.

어떤 사람들은 예수님께서 사실은 죽은 것이 아니라 단지 상처와 심한 출혈 때문에 탈진하셨는데 온도가 선선한 돌무덤에 들어가시자 정신을 차리신 것 즉 기절설을 말했습니다.

어떤 사람들은 예수님께서 진짜 부활하신 것이 아니라 제자들이 부활하셨다고 믿고 싶은 마음 때문에 환상을 본 것이라는 환상설도 말했습니다.

다른 사람들은 예수님의 제자들이 시체를 훔쳐 간 뒤 예수님이 부활하셨다고 거짓으로 선전했다는 시신 도적설도 있습니다.

부활 부정 이론은 서구의 자유주의 신학에도 영향을 주었습니다. 불트만과 같은 자유주의 신학자는 "예수의 부활은 예수에게서 일어난 사건이 아니라 제자들에게서 일어난 사건이다."라고 했습니다. 즉 예수님이 실제로 부활하신 것이 아니라 예수님을 신으로 만들고 싶어 했던 제자들의 자작극이라는 말입니다.

부활을 못 믿는 것인지, 믿지 않으려는 것인지......

성경대로 모든 사람이 부활하여 하나님 앞에서 심판받는 것을 원하지 않는 것인지......

심판받으면 지옥 갈 것이 너무 확실하여 피하고 싶은 것인지...

부활을 부정한다고 해서 자신들에게 이로울 것이 조금도 없는데도 기어코 부활을 부정하려는 사람들이 지금까지 이어져 오고 있습니다.

부활은 이성과 신앙 모두에 합당한 사건입니다

중세 신학 시대에서부터 신앙과 이성에 대하여 대단한 논쟁과 사색이 있었습니다. 그 기본 명제는 어거스틴이 말한 "나는 알기 위하여 믿는다."였습니다. 그 후에 뛰어난 신학자들과 그 가운데 아퀴나스나 안셀름에서 "나는 알기 위하여 믿고, 믿기 위하여 나는 안다."라는 명제로 정리가 되었습니다.

이성과 지성 그리고 신앙과 믿음은 동떨어진 별개의 것이 아니라 어거스틴의 말대로 깊은 지식에 들어가면 신앙과 이성, 믿음과 지식이 하나가 된다는 것입니다.

부활은 사람들이 결정하는 것이 아닙니다

우리는 이런 생각을 해 볼 수 있습니다.

나 자신의 출생은 나의 의지와 선택으로 할 수 없는 것이

라면,

나 자신의 죽음은 나의 의지와 선택으로 할 수 없는 것이라면,

그렇다면 당연한 논리로 다시 살아나는 부활도 나 자신의 의지와 선택으로 결정할 수 없는 일입니다.

부활이 있고 없음을 신학자나 신학 사상이 결정하는 것이 아닙니다.

역사학자나 사회학자들이 결정하는 것이 아닙니다.

철학자들이나 철학 사상이 결정하는 것이 아닙니다.

부활은 이즘이나 사회사상이 결정하는 것이 아닙니다.

권력이나 힘의 논리가 결정하는 것이 아닙니다.

위의 언급한 모든 것은 모두 사람의 영역이고 사람은 자신의 삶과 죽음도 결정할 수 없는 무능력한 존재이기 때문에 부활을 무의 사건으로 만들 수도 확증할 수도 없다는 것입니다.

왜 그럴까요?

부활은 생명을 창조한 창조자의 영역입니다

부활은 생명의 창조자가 만드시고 결정하는 일이기 때문입니다.

사람들이 인정하건 하지않건 사람은 주어진 시간을 살아

갈 뿐인 제한적인 존재 즉 유한한 존재이므로 삶에 대한 모든 것들에 대하여 부분적인 것만 알고 이해할 뿐입니다. 사람이 이해할 수 없기 때문에 이성을 벗어난 것은 인정할 수 없다는 사람보다 앞뒤가 막힌 어리석은 사람이 어디 있을까요? 이성으로 이해할 수 없는 일들이 이 세상에 얼마나 많은 가요? 사람은 모르는 것이 많아도 별다른 불편 없이 살고 있는 것입니다.

사람의 영역 밖의 것은 신의 영역입니다. 신의 영역으로 남겨 두어야 할 것을 남겨 두는 것이 지혜이고 명철이고 겸손입니다. 사람은 부분적인 그림 속에서 살고 신이신 하나님은 완전한 큰 그림 속에 계십니다. 예수님께서는 분명한 언어로 요한복음 5장 29절 말씀에서

"선한 일을 행한 자는 생명의 부활로, 악한 일을 행한 자는 심판의 부활로 나오리라."

고 알려 주셨습니다.

부활에 대한 지식은 분명하게 주어졌습니다. 이 말을 이성적으로 이해 못 할 사람은 없습니다. 그러나 부활을 인정하지 않는 사람들이 단지 믿고 싶지 않을 뿐입니다. 이들은 이

성과 신앙 사이에서 이성만 사용하고 신앙은 버려둔 사람들입니다. 그러므로 반쪽만 생각하고 있는 것입니다. 남은 것은 알기 위하여(이성적으로 받아들이기 위하여) 믿어야 하는 일만 남이 있습니다. 사도 바울은 말씀합니다.

"하나님의 아들을 믿는 것과 아는 일에 하나가 되어라."

에베소서 4장 13절

아브라함의 부활신앙은 맹목이 아니라 이성이다
/Abraham reasoned

**그가 하나님이 능히 이삭을 죽은 자 가운데서 다시
살리실 줄로 생각한지라.**

히브리서 11장 19절

아브라함은 무엇을 믿고 이삭을 번제로 드렸나요?

아브라함이 이삭을 번제로 하나님께 드린 사건은 보통 사람이나, 신앙의 사람이라 하더라도 평범한 신앙으로서는 이해하기 어려운 부분이 많습니다. 아브라함이 너무 믿음이 탁월하거나 아니면 노망이 들었거나…… 두 가지 중의 하나라고 봅니다. 그리고 많은 사람들이 이삭을 드린 것은 믿음의 영역이지 정상적인 이성의 영역으로 보지 않으려고 합니다. 그러므로 아브라함의 신앙의 행위를 정상적인 것으로 인정하려고 하지 않습니다.

이삭을 드림에는 아브라함의 순종보다 더 깊은 영역이 있습니다

이삭을 드림은 아브라함의 순종에 초점을 맞추지만 성경

속으로 더 들어가면 순종하게 된 다른 요인이 있다는 것을 발견하게 됩니다. 아브라함이 순종하여 모리아산 번제로 이끈 원동력은 바로 부활 신앙이었습니다. 아브라함은 이삭을 '다시 살려 내실 줄' 즉 부활을 믿었습니다. 그런데 이 믿음이 맹목적이거나 광신적인 믿음이었을까요?

신약에서 아브라함의 순종을 해석해 주는데
첫째로 **그가 믿은바 하나님은...... 없는 것을 있는 것으로 부르시는 이시니라**(로마서 4장 17절)는 말씀과

두 번째는 그가 하나님이 능히 이삭을 **죽은 자 가운데서 다시 살리실 줄**로 **생각한지라**(히브리서 11:19)는 말씀으로 알려 줍니다.

아브라함과 사라는 생명을 만들 수 없는(불임) 사람들이었지만 하나님께서 생명이 없는데서nothing 있는being 것으로 이삭을 불러내었습니다. 아브라함은 이삭의 생명의 탄생을 통하여 하나님의 능력뿐 아니라 하나님의 생명의 주권에 대하여 깊은 성찰을 했습니다. 그러는 가운데 이삭을 번제로 드리라는 하나님의 말씀에 아브라함은 생명의 주권자에 대한 신뢰로 기꺼이 이삭을 드리려고 했습니다.

아브라함의 부활 신앙은 맹목이 아니라 이성적 경험의 바탕 위에 있는 것입니다

아브라함이 가진 하나님에 대한 믿음은 이삭을 능히 살리실 줄 **아브라함은 생각**Abraham reasoned했는데 이 생각이란 말은 맹목도 아니고, 감정적 결정도 아니고, 자기도취적 판단이 아니라 합리적인 이성적 판단임을 뜻합니다.

그렇다면 이삭이 번제의 제물로 드려짐으로 생명이 없어져도, 하나님은 없는nothing 데서도 다시 이삭을 불러내어 생명을 존재being하게 하실 것을 경험적으로 확인하고 입증이 되었음을 합리적으로 믿었다는 것입니다. 이 사건 이후로 아브라함은 믿음의 사건으로는 더 이상 등장하지 않습니다. 부활을 합리적 신앙으로 믿었던 아브라함은 더 이상 하나님의 테스트가 필요하지 않는 최고의 신앙에 이르렀기 때문입니다.

우리는 철학적 사고로 어떤 사실을 사실임을 확증하고자 하면 크게 합리론적 관점과 경험론적 관점으로 말합니다. 아브라함이 능히 죽은 자 가운데서 이삭을 살리실 줄 **경험**을 통하여 **합리적 이유로** 부활을 믿었다면 이성과 경험론적 합리성을 믿는 우리가 굳이 아브라함의 부활 신앙만 부정해야 할 이유가 무엇일까요?

예수님께서도 하나님의 뜻에 순종하여 십자가에서 죽으시고 부활하셔서 '부활 생명'이 되셨습니다. 예수님께서 말씀하십니다.

나를 믿는 자는 죽어도 살겠고, 무릇 살아서 나를 믿는 자는 영원히 죽지 아니하리니 이것을 네가 믿느냐!

요한복음 11장 25절과 26절

좁은 길 이야기

소수자의 길, 신앙의 길
좁은 길과 고생길은 다르다

소수자의 길, 신앙의 길

멸망으로 인도하는 문은 크고 그 길이 넓어 그리로
들어가는 자가 많고……

마태복음 7장 13절

예수님께서 로마를 향하여 들어가는 거대한 권력과 재물과 문화를 바라보시며 모든 길은 로마로 통하는 크고 넓은 길을 어떻게 생각하셨을까요?

그 대신 좁고 돌 많은 협착한 길들을 보시며 진정한 믿음의 길들을 생각하신 것은 아닐까요? 좁은 길이란 의미는 방해물이 많아 가기 어려운 길이란 뜻인데 기독교의 참신앙도 방해물이 많아서 그 신앙을 지키고 가기가 어렵다는 말이기도 합니다.

소수자란 대중적이지 않지만, 꼭 있어야 할 중요한 길을 가는 사람입니다. 유, 무형의 문화재와 인간문화재와 같이 좁은 길로 가는 소수자는 불신자와 신자를 구분하는 잣대가 됩니다. 진정한 소수자 신자는 기독교 안에서 발견되는 변질되고 오염된 기독교로부터 성경 중심의 신앙을 지키려는 사람입니다.

넓은 길 다수자의 길은 인간 본성에 충실한 길이고 소수자의 좁은 길은 인간 본성을 따르지 않는 길입니다.

예수님께서 소수자, 좁은 길 가는 사람들에게 요구하신 것은 자기를 부인하고 즉 인간 본성에 충실함을 물리치고 자기 십자가를 지고 즉 인간 본성과 거스르는 길을 가라는 주문입니다.

우리 성도들은 의식하지 못하는 사이에 편리한 기독교, 명령과 강요가 없는 기독교, 문화 교육의 혜택이 많은 기독교, 아빠처럼 내 짐을 져 주시는 예수님에 익숙한 것은 아닌지...... 예수님의 뜻을 이룸이 아니라 나의 뜻을 이루기 위하여 교회와 신앙이 필요한 것 아닌지...... 인간 본성에 충실하고 그것을 만족시켜 주는 기독교가 십자가 신앙의 기독교라 믿으며 살아온 것은 아닌지.......

인간 본성에 충실하지 않기 때문에 곧 성경에서 사라질 단어들과 의미를 생각해 봅니다. 내 몸에 있는 예수의 흔적, 복음과 함께 받는 고난, 시험을 기뻐함, 죽도록 충성, 희생, 순종, 목숨을 다하여 주 너희 하나님을 사랑함.......

그동안 기독교가 종교적 다수로 걱정 없이 다수자의 길, 넓은 길로 다녔다면 이제는 신앙으로 소수자의 길, 좁은 길 걸어가야 함을 생각해 봅니다.

좁은 길과 고생길은 다르다

좁은 문으로 들어가라 멸망으로 인도하는 문은 크고 그 길이 넓어 그리로 들어가는 자가 많고 생명으로 인도하는 문은 좁고 길이 협착하여 찾는 자가 적음 이라.

마태복음 7장 13절과 14절

고생길을 피하고 싶은 것은 우리의 본성입니다

사람들이 가진 불변의 공통점이 있다면 고생을 피하고 싶은 마음입니다. 예수님께서 좁은 길과 넓은 길에 대하여 비유하신 것은 유명합니다. 사람들은 생각하기를 좁은 길은 당연히 고생과 고난이 뒤따르는 길이라 단언적으로 생각을 합니다.

예수님께서 좁은 길을 묘사하신 것을 보면 좁고 협착한 길이라고 하셨는데 주로 광야의 길을 묘사하신 것입니다. 깊은 계곡이나 돌과 돌 사이의 길은 좁고 발을 딛기 어려운 길들입니다. 야생동물들이 있고, 나무뿌리가 가로막고 있어 지나기가 어려운 길이기도 합니다.

때로는 몸만 겨우 빠져나갈 수 있는 길입니다. 어떤 분들은 좁은 길은 성문이 닫히고 난 다음 늦게 성안을 출입하는 문인데 이 문은 몸만 지나갈 수 있는 좁은 문이라서 좁은 길이라고도 합니다.

좁은 길은 고생길인가요?

그래서 많은 분들이 넓은 길은 고생이 없지는 않겠지만 좁은 길보다는 고생이 적은 길이라고 생각합니다.

그러나 예수님의 말씀을 보면 좁은 길은 고생길이고 넓은 길은 고생이 없는 길이라고 말씀하시지 않았다는 사실입니다. 넓은 길 즉 대중들 속에 묻혀서 산다고 고생이 없다고 말씀하시는 것이 아닙니다.

이 비유에서 예수님은 고생길에 대하여 비유하시고 말씀하신 것이 아닙니다. 예수님은 신앙의 길과 비신앙의 길, 진리의 길과 비진리의 길, 예수님을 뒤따르는 길과 예수님을 등지는 길까지 유추가 가능한 말씀을 하신 것입니다.

넓은 길로 가건 좁은 길로 가건 인생의 길은 공통적으로 험악한 고생길이라는 사실은 변하지 않습니다. 또 넓은 길은 고생이 없는 길이 아니라 넓은 길로 가도 죽을 고생을 하는 것이 사람들이 가는 인생길입니다. 때로는 좁은 길을 가도 기쁘게 가는 사람도 있습니다. 사도 베드로와 요한은 산헤드린에 붙잡혀서 예수를 증거했다는 벌로써 매질을 당하였습니다. 그러나 사도행전 5장 41절 쉬운 성경을 보면

사도들은 예수님 때문에 모욕당하는 것을 <u>영광</u>이라고 생각하여 오히려 <u>기뻐</u>하면서 공의회(산헤드린)를 나왔습니다.

라고 합니다. 좁은 길, 신앙의 길, 진리의 길 심지어 예수 그리스도를 뒤따르는 길을 가면서도 영광과 기쁨으로 가는 사람도 있습니다.

예수 믿는다고 특별히 불신자들보다 더 고생하는 것은 아닙니다
일반적으로 우리 성도들은 예수 믿는 길을 좁은 길이라 생각하면서 불신자들에 비하며 고생을 더 많이 한다고 생각하는 경우가 있습니다.

세상의 즐거움과 방식을 버리고 예수를 믿는다고 그 길이 큰 불이익을 당하거나 인생의 낙을 포기하므로 손해 보며 사

는 것이 신앙생활이라고 생각하는 것입니다. 그러나 세상의 낙을 누리다가 더 큰 고생과 불행이라는 대가를 치르는 불신자들이 얼마나 많은지는 생각을 하지 않는 것 같습니다.

넓은 길을 가도 죽을 고생을 하는 사람들이 많은 걸 보면서 성도들이 좁은 길을 간다고 특별히 불신자들보다 더 고생하는 것은 아니라는 것이죠.

오히려 불신자들이 영적인 면과 도덕적인 면에서 무장해제가 되어 더 어렵고 험악한 인생을 살고 있을 수 있습니다. 반면에 좁은 길은 영적인 면과 도적적인 면에서 무장을 하지 않고서는 갈 수 없는 길이기 때문에 타락한 길로 가지 않으므로 세상이 주는 온갖 고생을 피하여 갈 수 있지 않을까요? 그러므로 좁은 길이 안전한 길safe way입니다. 세상에는 불신자들이 죽을 고생을 하며 살아가는 이야기로 가득 차 있음을 잊어서는 안 됩니다.

보장이 있는 길이 좋은 길이다

불신자들보다는 자유롭지 못한 것들은 있겠지만 그 불편한 길 끝에는 의의 면류관과 하나님 나라의 백성이 되는 영생으로 완성되는 보상이 있으므로 좁은 길 간다고 손해 볼 것은 없습니다.

결국 두 부류의 인생이 있는데 한 부류는 죽도록 고생만 하다가 지옥 형벌의 길로 들어가는 넓은 길 가는 사람들과 고생을 하지만 안전한 길을 통하여 영생의 좁은 길, 천국 가는 좁은 길 가는 인생이 있을 뿐입니다.

당신은 지금 어느 길 위에 서 있나요?

2부

네 손가락에 매며
마음 판에 새기라

손가락에 매는 이야기들

사소한 것 때문에 배고픔으로 살아가는 성도들/큰아들

바알이 더 무서워/기드온

광풍 속의 사람과 고요 속의 사람/제자들

영혼을 나중에 생각하는 사람들/어리석은 부자

이중 구도와 대결하는 믿음 생활/이런 성도들

바르게 무릎 꿇은 다니엘/다니엘

매도당한 청년/부자 청년

복은 빼앗는 것이 아니라 받는 것이다/야곱

사소한 것 때문에 배고픔으로 살아가는 성도들
/큰아들

아버지가 이르되 얘 너는 항상 나와 함께 있으니 내 것이 다 네 것이로되.

누가복음 15장 31절

예수님의 돌아온 탕자의 비유를 보면서 우리가 무엇을 구하며 기도해야 하는지를 생각하게 됩니다.

하나님은 불효자식을 위하여 잔치를 베푸는 아버지와 같습니다

탕자라 불리는 둘째 아들을 위하여 아버지는 큰잔치를 열었습니다. 들에서 일을 마치고 돌아온 큰아들이 볼 때 너무나 어이없는 상황이 벌어지고 있었습니다. 창기와 더불어 아버지의 재산을 날려 버리고 돌아온 둘째 아들을 위하여 이렇게 성대한 잔치를 벌이다니...... 큰아들은 버럭 화를 냅니다. 나는 아버지께 성실한 아들로 살았는데 아버지는 언제 나와 내 친구를 위하여 염소 새끼 한 마리 잡아 잔치를 해 준 적이 있느냐! 구요. 화가 머리끝까지 올라온 큰아들에게 아버지는 침착하고 다정한 목소리로 말씀하시며 그 마음과 생각에 큰 그림을 그려 주십니다.

"나의 재산과 모두가 너의 것이 아니냐!" 그런데 왜 너는 염소 새끼 한 마리를 얻어 잔치를 하지 못함에 분노하고 있느냐는 것입니다.

사소한 것 때문에 배고픔으로 살아가는 성도들이 아닌가요?

큰아들이 분내는 모습을 보며 우리를 봅니다. 우리가 일용할 양식이나 물질에 대하여 언제나 부족함을 느끼고 삽니다. 우리를 끊임없이 목마르게 하며 이 문제에는 이 세상에 오아시스는 없어 보입니다. 그래서 우리의 기도는 원하건 원치 않건 간에 새끼 염소 한 마리에 매달려 있는 기도를 드립니다. 때로는 하나님 염소 새끼 한 마리만 주세요. 양 한 마리만 주세요. 이것이라도 주시면 내가 고생을 피하고 기뻐하며 잔치하는 삶을 살 수 있겠습니다. 라고 기도합니다. 그러나 중요한 것은 우리의 기도와 구하는 것의 범위가 어떤 것을 구하든지 염소 새끼 한 마리의 범주를 넘지 못한다는 점입니다.

염소 새끼와 양 한 마리에 목숨을 걸고 사는 성도들이 있습니다.

지금 예수님께서 우리 성도들에게 말씀하신다면 하나님 나라의 모든 영광과 권세와 부요함이 모두 너의 것이 아니냐!

그런데 왜 아직도 염소 새끼 한 마리나 양 한 마리를 얻는 것에 목숨을 걸고 사느냐! 염소 한 마리가 언제나 그의 나라와 그의 의를 구해야 하는 하나님의 자녀 됨의 권세보다 더 크고 중요하냐!

예수님께서 구하라 그리하면 주실 것이라고 약속하셨기 때문에 구하는 것이 잘못된 것은 아니지만 대부분의 기도가 염소 새끼 한 마리를 열심히 구하고 끝이 나는 경우가 많다는 것입니다.

이런 구함은 복음이 없는 구함과 하나님 나라가 없는 구함입니다.

우리는 계속 구하고, 소비하고, 또 구하고, 가난해지고, 더 많이 구하고를 반복하는 신앙생활 외에 다른 것은 없어 보입니다. 구한 것을 얻으면 하나님의 은혜요 나를 사랑하심의 증거라고 믿으며 살고, 얻지 못하면 하나님을 의심하고, 스스로 낙심하여 영적인 기가 죽어 사는 것입니다. 특별히 하나님의 일을 열심히 하는 성도들이 이런 덫에 자주 걸립니다. 내가 이 정도 열심히 했으면 하나님께서도 모르는 척 안 하시겠지……

아버지는 큰아들에게 말합니다. 이미 내 집에 사는 것 자체가 나의 모든 것의 상속자란 뜻이 아니겠니?

기도하여 구하는 것을 받기만 하면 성공적인 기도 생활을 했다고 믿고 사는 우리에게 염소 한 마리 얻음을 기뻐하고 얻지 못함에 분노하는 큰아들과 같은 기도 생활이 아닌지 물음표를 던져 줍니다. 때로는 우리의 육적인 삶에 배고픈 날이 찾아오는 경우가 있더라도 하나님의 자녀 됨의 자부심을 가지고 염소 새끼 한 마리가 아닌 하나님의 나라를 구하는 통 큰 신앙인을 꿈꾸어 봅니다.

우리 신앙의 기초는 이미 주어진 예수 그리스도와 그의 구원하심이지 기도의 응답으로 주어지는 부스러기가 결정적으로 중요한 것이 아닙니다. 구원은 너무나 큰 것이기 때문에 그 외의 응답으로 주어지는 것은 부스러기입니다.

부스러기에 정신이 팔려 내 아버지 집에 살면서도 늘 배고픈 인생이 될 수 있음을 경계해야 하겠습니다. 욕심만 부리지 않는다면 내게 부족함이 없는 하나님의 준비하심과 베푸심 속에서 능히 살 수 있음을 생각합니다.

바알이 더 무서워/기드온

서로 물어 이르되 이것이 누구의 소행인가 하고 그
들이 캐어물은 후에 이르되 요아스의 아들 기드온이
이를 행하였도다 하고 성읍 사람들이 요아스에게 이
르되 네 아들을 끌어내라 그는 당연히 죽을지니 이
는 바알의 제단을 파괴하고 그 곁의 아세라를 찍었
음이니라.

사사기 6장 29-30

영적 어두움의 시대를 보여 주는 사건입니다

기드온이 사사가 되는 과정에서 놀라운 사건 하나를 만
나게 됩니다. 이 사건은 사사시대의 영적 어두움이 무엇인지,
또 혼란의 시대가 어떤 것인지 알려 주는 사건이기도 합니다.

하나님께서 기드온을 사사로 세우시기 전에 한 가지 명령
을 하시는데 그것은 바알신상과 아세라 목상을 찍어 쪼개고
불태우는 것입니다. 기드온이 순종하기는 하지만 사람들에

게 발각되어 큰 위협을 받을 것을 두려워하여 낮에는 못하고 밤에 했다고 합니다.

놀라운 일은 기드온이 바알신상과 아세라 목상을 부수고 불사르고 난 다음에 발생합니다. 바알신상과 아세라 목상이 부서지고, 불태워진 것을 알고 이스라엘 백성들이 기드온의 아버지 요아스의 집 앞에서 이 일을 한 사람을 죽이겠다고 기드온을 내어놓으라는 것입니다. 이스라엘 사람들은 우상에 빠져드는 죄를 가로막는 사람은 누구든지 죽이겠다는 것이지요.

정상적인 신앙의 관점에서는 우상을 부숴 버렸으니 칭찬받을 신앙의 행위가 아닌가요? 그런데 이스라엘 백성들에는 아니었습니다. 기드온은 우상숭배라는 죄악의 낙을 더 이상 누리지 못하게 가로막는 방해꾼에 불과했습니다. 그들은 바알과 아세라를 섬기는 것이 정통신앙이 되어 버렸고, 여호와 하나님을 섬기는 것은 오히려 바알신앙과 아세라 신앙의 걸림돌에 불과한 것이 되었습니다.

부정적인 행동을 금하는 것이 배척의 대상이 되어 버렸습니다
우리가 매스컴을 통하여 자주 듣는 소식은 도박, 불륜, 폭행, 시기, 질투, 사기 등등 이런 불법을 행하지 말라고 가로막는 사람들을 오히려 폭행하거나 죽였다는 것들입니다. 사람들은 죄악의 낙을 누리거나 우상숭배에 열광적으로 빠져듭니다. 막을 수가 없습니다. 이들이 심리적인 문제나 성장과정의 문제가 있을 수 있지만, 공통점은 자신이 행하는 악을 저지한다고 앙심을 품고 폭행과 살인을 한다는 것입니다. 요한복음 3장 19절 말씀은

> **"그 정죄는 이것이니 곧 빛이 세상에 왔으되 사람들**
> **이 자기 행위가 악하므로 빛보다 어둠을 더 사랑한**
> **것이니라."**

사람들은 자신의 악한 행동들이 저지당할 때 오히려 더 큰 분노를 가지고 악을 가로막는 사람에게 폭력을 드러낸다는 것입니다.

죄악의 낙을 누림을 막을 수 없는 사람들입니다

이스라엘 사람들은 여호와의 단이 무너지고 방치된 것에는 아무런 의분을 갖지 않았습니다. 그 대신 하나님께서 싫어하시는 바알과 아세라를 찍어 없애 버린 것에는 기드온의 목숨을 내어놓으라고 광분을 한 것입니다.

점차 이 시대가 공적 장소이건, 은밀한 장소이건, 이익이 되는 일이건 불이익이 되는 것이건 개의치 않고, 죄악의 낙을 즐기는 것을 개인의 성향으로 보고, 간섭을 하지 않는 것이 예의가 되는 시대가 되었습니다.

주택이 늘어나면서 사생활이 비밀로 되는 시대가 되어 죄악을 탐하는 생활이 늘어나도 손을 쓸 수도 없고, 말할 수도 없게 되었습니다. 더욱이 포스트모던 시대가 되어 개인의 권리가 강화되는 반면에 종교와 윤리는 시대 역행적이거나, 답답한 소리로 밀려나 기준 제시나 제어의 역할도 할 수 없게 되었습니다. 개인이건, 단체이건 도덕적 신앙적 의가 중요한 것이 아니라 이익이 되고, 즐거움을 주느냐가 중요하게 되면서 사람들이 갈망하는 좋은 인간관계good human relations와 살기 좋은 장소good place가 파괴되는 영역이 갈수록 커지고 있습니다.

이 세대에 바알신상과 아세라상을 찍어 불에 태우는 것은 시대 역행적 발상이요, 뭇매를 맞을 행동이 되어 갑니다. 심지어 바알적인 예수 종교로 변해 가는 기독교도 안타까울 뿐입니다.

내가 두려워하는 것은 무엇인가요?

사사 기드온 당시 여호와의 제단이 무너지거나 없어져도 아무도 영적인 분노를 하거나 괴로워하지 않았던 것과 같이 나의 신앙의 제단이 무너져도 영적 분노와 괴로움을 느끼지 못하는 것은 아닌가요?

혹시 나의 영혼 속에 여호와의 제단이 무너지는 것 보다 죄악의 낙을 누리는 바알의 제단이 무너지는 것을 더 무서워 하는 신앙생활을 하고 있지 않은지 걱정이 됩니다.

광풍 속의 사람과 고요 속의 사람/제자들

예수께서는 고물에서 베개를 베고 주무시더니 제자들이 이르되. 생님이여, 우리가 죽게 된 것을 돌보지 아니하시나이까?

마가복음 4장 28절

큰 파도를 만나서 배 속의 모든 것까지 토하고, 정신을 잃어버린 경험이 있는 사람이라면 파도가 얼마나 강력하고 무서운 것인지 알 것입니다. 갈릴리 호수를 지나던 예수님과 제자들이 갑자기 메가톤급 광풍을 만나게 되었습니다.

위기의 제자들과 평안 속의 예수님이 있습니다

뱃사람이 대부분이었던 제자들은 그들이 가진 바다와 배에 대한 경험과 지식을 통해서 이 광풍을 모면해 보려고 했지만 실패하고 말았음을 알 수 있습니다. 결국 배에 물이 가득하게 되고 제자들은 예수님께 '우리가 죽게 되었음'을 돌보지 않느냐! 는 하소연이 바로 그 증거입니다. 그 반면 예수님은 목수였기 때문에 뱃사람이기 보다는 육지 사람인데도 오히려 그 광풍 가운데서 주무시고 계셨습니다.

예수님과 제자들의 다름이 무엇이길래 조그만 배 안에서 이렇게 현저하게 다른 모습을 보일까요? 한 가지 분명한 사실이 있는데 예수님은 광풍을 잔잔하게 하실 능력과 권세를 가지셨다는 것이고, 제자들은 그것이 없다는 것입니다. 그 차이가 제자들은 죽음 앞에서 두려워하고 있고 예수님은 고물이 흔들리는 것을 해먹hammock/그물침대 이 흔들리는 것처럼 그 안에서 편안하게 주무시고 계시는 것입니다. 그 좁은 배 안과 위급함 속에서도 예수님의 능력과 제자들의 경험과 지식이 병존하고 있었고, 제자들의 경험과 지식이 무용지물이 될 때까지는 예수님의 능력과 권세를 찾지 않았던 것입니다. 제자들의 경험과 지식이 예수님의 능력과 권세를 구하는 최대의 걸림돌이 된 것입니다. 그러나 제자들이 잘한 것은 마침내 예수님께 그의 능력과 권세의 도움을 찾아 들어간 것입니다.

나 자신을 바로 알아야 함을 보여 줍니다.
언제나 우리의 신앙생활은 '나'라는 작은 삶의 공간 안에서도 예수님의 능력과 권세와 나의 경험과 지식이 항상 공존하고 동시에 충돌하고 있습니다. 그러나 제자들의 경험과 지식이 광풍을 이겨 내지 못함과 같이 세상에서 밀려오는 갖가지 위험을 우리의 경험과 지식으로 이겨 내기엔 한계가 있음을 생각하게 합니다. 우리는 본질적으로 광풍을 멈추게 할 능력과 권세가 없으므로 예수님을 찾고 의지할 수밖에 없는 존재들입니다.

인간의 경험과 지식이 최고로 빛을 발하는 순간은 더 많은 경험과 지식을 축적하는 것이 아니라 나의 한계를 알고 하나님의 위대하심을 인정하고 찾는 순간입니다.

네 종류의 사람들이 있습니다.

먼저는 죽을 것 같으면 예수님을 버리는 성도들입니다. 도망간 예수님의 제자들과 같이요.......

두 번째는 죽기 전에 예수님을 찾는 사람들입니다. 병들고, 실패하여 목숨의 시간이 얼마 남지 않았을 때 찾는 사람들입니다. 절망의 병자들이 예수님을 찾은 것 같이요.......

세 번째는 죽을 때 쯤 예수님을 찾는 사람들입니다. 십자가상에서 구원받은 강도와 같이요....

네 번째는 죽어도 예수님을 찾지 않는 사람들입니다. 예루살렘의 대부분 사람들(마태복음 23장 37절과 38절)처럼요....... 제자들은 전형적으로 죽기 전에 예수님을 찾은 사람들입니다. 죽을힘까지 모두 소모했으니 삶의 에너지가 완전히 바닥났습니다.

죽을힘을 다해 파도와 싸우는 힘으로 예수님을 찾아야합니다

중요한 것은 앞의 네 가지 유형처럼 예수님을 언제 찾느냐입니다. 나의 경험과 지식이 예수님을 찾는 일에 걸림돌이 되어서는 안 된다는 점입니다. 그 능력과 권세를 찾고 구할 때 내가 사는 세상이 주는 어려움들과 광풍의 강도를 때로는 알지 못해도 예수님은 광풍 속에 고요한 삶을 우리에게 주시는 분입니다. 우리의 신앙은 맹목도 허구도 아닌 사실입니다. 성경대로 믿기 때문이죠. **죽을힘을 다해 광풍과 싸울 힘으로 예수님을 찾는 참다운 성도**가 되면 좋겠습니다.

사도 베드로는 말씀했습니다.

만일 누가 말하려면 하나님의 말씀을 하는 것 같이 하고 누가 봉사하려면 하나님이 공급하시는 힘으로 하는 것 같이 하라 이는 범사에 예수 그리스도로 말미암아 하나님이 영광을 받으시게 하려 함이니……

베드로 전서 4장 11절

예수님의 능력과 권세에 이르는 말씀과 기도라는 도구는 언제나 우리 앞에 있습니다.

영혼을 나중에 생각하는 사람들
/어리석은 부자

또 내가 내 영혼에게 이르되 영혼아 여러 해 쓸 물건을 많이 쌓아 두었으니 평안히 쉬고 먹고 마시고 즐거워하자 하리라 하되 하나님은 이르시되 어리석은 자여 오늘 밤에 네 영혼을 도로 찾으리니 그러면 네 준비한 것이 누구의 것이 되겠느냐!

누가복음 12장19-20

걱정해야 할 것을 걱정하지 않는 사람들이 있습니다

성경에 등장하는 부자는 마땅히 걱정해야 할 것을 걱정하지 않는 어리석음을 보여줍니다. 부자는 자신이 부자임에도 불구하고 언제나 배불리 먹고도 남음이 있는 소출에 대한 기대와 동시에 걱정을 했습니다. 꼭 이번 해도 풍년이 들어야 할 텐데....... 그러던 어느 해 부자의 걱정을 말끔히 씻어 줄 풍년이 들었습니다. 곡물들이 많음으로 인하여 그는 곳간을 넓혀야만 했고 쌓아 둘 곳을 걱정할 정도였고, 먹고 마시며 즐겨도 걱정이 없을 만큼 차고 넘쳤습니다. 걱정 끝 행복 시작입니다.

엉뚱한 곳에서 심각한 일들이 생깁니다

언제나 그렇듯이 단 한 번도 생각도 걱정도 해 본 일이 없는 곳에서 문제가 터졌는데 하나님께서 그의 영혼을 불러 가시겠다는 것이었습니다. 부자의 입장에서는 너무나 황당한 일이 벌어진 것이었습니다. 죽을 만큼 수고하고 열심을 다하여 겨우 걱정할 필요가 없는 재산을 모아 두었더니 목숨을 거두어 가신다니요....

부자가 걱정했던 문제인 육신의 안일함과 평화로운 삶에 대하여서는 다 해결되었는데 정작 걱정해야 할 자신의 영혼 문제는 걱정한 일이 없어서 결국은 허망한 종말을 맞고야 말았습니다.

우리의 소원과 부자의 소원이 왜 같아 보일까요?

우리 성도들도 "하나님 이 문제만, 이 일만 해결해 주시면 걱정 없이 살 수 있겠습니다...." 하고 기도하고, 그 해결만 기대하면서도 자신의 영혼은 걱정하지 않는 것처럼요. 이런 경우가 허다해 보입니다.

물질과 건강과 형통의 복을 영혼 구원의 증거로 믿고 사는 신앙인들이 있음을 봅니다. 우리가 찬송을 초막이나 궁궐이나 그 어디든지 예수님만 모시고 산다면 그 곳이 하나님 나라가 아니겠는가! 하고 부르지만 사실 우리 신앙인들 중에서 궁궐에 살면 하나님이 나와 함께 계심을 확신하겠지만 몇 사람이나 초막에 살면서 이곳도 하나님이 나와 함께하신다는 증거라고 믿으며 살 수 있겠습니까?

시편은 우리에게 영적인 견지를 갖게 해 줍니다. 많은 물질적 은혜와 성공의 은혜를 받은 성도들이 시편 106편 5절의 말씀인

여호와께서 저희의 요구한 것을 주셨을지라도 그 영혼을 파리하게 하셨도다.

는 말씀을 잊고 살아서는 안 된다는 것이죠. 내가 원하는 기도의 응답이 이루어졌다고 하나님께서 나의 기도를 기뻐하셔서 응답을 하신 것만은 아니라는 것입니다. 때로는 자녀들이 떼를 쓰고, 졸라 대니 할 수 없이 자녀가 원하는 것을 주는 경우와 같다는 것이지요.

삭개오는 부자였지만 영혼이 우선인 사람이었습니다
삭개오의 훌륭함은 가질 것을 다 가진 부자라는 명예와

물질의 부요를 가진 사람이기 때문이 아닙니다. 삭개오는 이 모든 인간적인 조건을 충족하고서도 이것들과 구원을 바꿀 수 없음을 깨달음에 있습니다. 그러므로 삭개오는 예수님을 만나고자 했고, 예수님 보는 것을 즐거워했으며, 영접하였습니다. 그리고 구원의 기쁨을 가진 삭개오는 그 증거로 내 소유를 가난한 사람들에게 주겠으며 속여 빼앗은 것이 있다면 네 배로 갚아 주겠다고 합니다. 출애굽기 22:1절에는

"사람이 소나 양을 도적질하여 잡거나 팔면 그는 소 하나에 소 다섯으로 갚고 양 하나에 양 넷으로 갚을 지니라."

고 하였는데 삭개오가 4배를 갚겠다고 한 것은 율법으로 볼 때 네 배로 변상해야 할 만큼 "남의 것을 도적질한 사람"임을 알고 있었다는 것입니다. 이 말씀은 알고는 있었으나 실천을 하지 못하던 삭개오였습니다. 삭개오는 예수님을 영접하고 난 다음 자신이 알고 있던 대로 실천을 한 사람이 되었습니다.

삭개오의 성화는 물질에서 영혼으로, 욕심에서 자선으로, 채우는 삶에서 푸는 삶으로, 곳간을 만드는 삶에서 곳간을

허는 삶으로의 변화입니다.

삭개오는 부자여서, 즉 먹고, 마시는 것에 걱정이 없어지니까 비로소 영혼 문제를 생각했을까요? 아니면 언제나 영혼 문제가 그의 마음에 자리 잡고 있었기 때문에 예수님을 찾았을까요?

영혼을 걱정하는 사람과 걱정하지 않는 사람과의 차이는 어리석은 부자처럼 나의 즐거움과 하나님의 즐거움을 생각하는 차이이고, 삭개오처럼 나의 부요함과 하나님의 부요함을 생각하는 차이입니다.

우리는 내 배를 배 불리며 걱정 없이 먹고 마시며 살 수 있기만을 열심히 기도하면서 먼저 생각해야 할 영혼의 일은 다음으로 미루면서 살고 있는 것은 아닌지 생각해 봅니다.

이중 구도와 대결하는 믿음 생활
/이런 성도들

이 사람은 하나님을 자기 힘으로 삼지 아니하고 오
직 자기 재물의 풍부함을 의지하며 자기의 악으로
스스로 든든하게 하던 자라 하리로다. 그러나 나는
하나님의 집에 있는 푸른 감람나무 같음이여 하나님
의 인자하심을 영원히 의지하리로다.

시편 57편 7-8절

신앙이라는 이름으로 보여준 강한 자아 사랑이 있습니다

이전에 시무했던 교회에서 심방을 갔는데 할머니 혼자서 손자를 양육하시던 집이었습니다. 그 손자는 저가 교육한 고등학생이었는데 그 학생이 한 번은 운동화가 다 떨어졌는데 할머니가 사 주시지 않는다는 것입니다. 참 안 되었다고 생각하고 운동화를 사는 데 도움이 되라고 약간의 보조금을 준 적이 있었습니다.

바로 그 집에 우연히 심방을 가게 된 것입니다. 심방 예배를 마치고 난 후 자리를 뜨는데 그 할머니 성도께서 하얀 봉

투 안에 저에게 주신다며 얼마를 넣어 주셨어요. 그 손자를 통하여 들은 정보가 있었기 때문에 극구 사양했습니다. 그럼 감사헌금으로 하겠다고 했더니 그것도 안 된답니다. 이것을 목사님께 드린다는 것입니다. 그래도 안 받는다고 했더니 그 할머니 성도께서 말씀하시기를 "목사님 불자가 부처 잘되라고 돈을 바치겠어요? 모두 자기 잘되라!"고 하는 겁니다.

그때 여러 가지 생각을 하게 되면서 우리가 교회에서 보통 수준의 믿음에 대하여 설교하고 가르치지만, 보통의 성도들은 대부분 이 할머니 성도와 같은 마음 즉 '자아 사랑의 신앙'이겠구나. 자기 잘되려고 예수 믿는 것이지 예수님 잘되라(?)고 믿는 것이 아닐 수 있겠다고 생각하게 되었습니다.

신앙이 무엇인지 정의하기 어려운 점입니다. 성경에서는 하나님의 사랑과 예수 그리스도의 죽으심과 부활과 복음을 중심으로 헌신하는 삶을 가르치지만, 목회의 경험을 돌이켜보면 이런 신앙에 관심이 있는 성도들이 그렇게 많지 않았던 것 같습니다. 특히 살아도 주를 위하여 죽어도 주를 위하여! 라는 신앙은 더더욱 찾기 어려웠음을 생각합니다. 자기중심적인 신앙은 찾기 쉬워도 성경에서 가르치는 예수님 중심적인 신앙은 찾기가 참 어려웠습니다.

특히 상당한 수의 성도들이 신앙의 본질에 대하여 목회자와 대화할 때는 자신의 진심을 말하기보다는 모두는 아니겠지만 목회자가 원하는 정답을 말하는 경향이 많다는 점도 알게 되었습니다.

신앙의 세 가지 형태가 있습니다

하나님 잘되라는 하나님 중심의 신앙이 가장 바른 것입니다. 그러나 비록 나 잘되라는 신앙은 바르지 않지만 탓하기 어려운 신앙의 형태입니다. 그 이유는 나 잘되어야겠다! 는 열망이 없이 신앙생활이 가능하겠느냐? 하는 점입니다. 우리가 믿음 생활을 열심히 한다 하더라도 우리 속에 대립의 구도를 계속 유지하고 있는 것은 나 잘되라는 신앙과 하나님 잘되라는 신앙의 구도입니다. 이 두 가지는 믿음의 성숙함과 미성숙함보다 더 강렬한 문제입니다.

더 난감한 신앙은 이 두 가지가 교묘하게 혼합되어 있는 신앙입니다. 하나님을 위한 것이 곧 나를 위한 것이고, 나를 위한 것이 곧 하나님을 위한 것이라는 신앙의 소유자를 말합니다. 교회 안에서 이해할 수 없는 불편한 사건들이 생기는 경우 대부분은 혼합 신앙의 소유자인 것을 확인할 때가 많습니다. 자신을 위하여 교회를 섬기면서도 그것이 곧 하나님의 일이라고 생각하면서 자아신앙의 부정적인 형태를 인정하지 않는 경우들이 많습니다. 믿음과 양심에 가책을 느끼지도, 수긍하려고도 하지 않으려는 자세들입니다.

우리 모든 신앙인은 이 세 가지 범주 속에 있습니다. 나 잘되라는 신앙, 하나님 잘되라는 신앙, 이 두 가지의 혼합 신앙입니다. 우리는 다른 신앙을 탓하거나, 비판하기 전에 나 자신의 신앙을 매일 점검하는 일이 필요합니다.

신앙은 크고 적음보다도 바름이 더 중요합니다

사람들은 마치 내기하듯이 신앙의 크기를 가늠하려고 합니다. 그러나 신앙의 크기를 우리가 어떻게 정확하게 측정할 수가 있습니까?

신앙은 열정보다도 바른길로 가고 있음이 더 중요합니다. 열정적이지만 사실상은 넓은 길 가는 신앙보다는 비록 소박하고 천천히 가더라도 좁은 길 신앙과 같은 것입니다. 바울이 위대한 사도가 된 것은 사도가 되기 전 사울이 열정적으로 예수와 그를 믿는 사람들을 박해한 것이 아니라 회심한 후에 바른 십자가의 길을 열정적으로 달려간 것 때문입니다.

하나님의 선하신 일은 나의 믿음의 크기와 열정에 의하여 결정되는 것이 아니라 바른 믿음을 가진 사람들이 하나님의 도구가 되어서 이루어지는 것입니다.

마태복음 7장 16절에서 17절에서 하시는 예수님의 말씀을 봅니다.

그들의 열매로 그들을 알지니 가시나무에서 포도를, 또는 엉겅퀴에서 무화과를 따겠느냐! 이와 같이 좋은 나무마다 아름다운 열매를 맺고 못된 나무가 나쁜 열매를 맺나니 좋은 나무가 나쁜 열매를 맺을 수 없고 못된 나무가 아름다운 열매를 맺을 수 없느니라.

수없이 많은 영적인 열매의 종류가 있겠지만 대표적인 것은 성령의 9가지 열매입니다. 이 아홉 가지 열매는 참된 믿음을 가진 사람이 아니고서는 맺기 어려운 것입니다. 가식적인 믿음은 성령의 열매를 맺기에는 너무나 허약한 가면입니다. 그만큼 성령의 열매는 성령에 이끌려 사는 참 그리스도인의 영적인 내공과 인격적인 됨됨이가 만들어 내는 어려운 합작품이기 때문입니다.

성령의 열매 맺기를 원하는 신앙의 사람에게 주시는 목표가 있습니다. 사도 베드로가 베드로후서 3장 11절과 12절에서 말씀하셨습니다.

**너희가 어떠한 사람이 되어야 마땅하뇨 거룩한 행실
과 경건함으로 하나님의 날이 임하기를 바라보고 간
절히 사모하라.**

참된 신앙 또는 하나님 잘되라는 신앙은 거룩한 행실과 경
건함으로 하나님의 날이 임하기를 바라보면서 하루하루 살
아가는 모습입니다.

성경에서 "어떤 사람"이란 바른 신앙을 가진 사람의 이상
적인 모습을 생각하라는 것이며. 바른 신앙을 가진 사람은
거룩한 행실과 경건함이 받침이 되어야 하며, 바른 신앙의 소
유자의 눈은 하나님의 날을 바라보는 것이라고 합니다.

하나님 잘되고 나는 순례자가 되는 사람입니다
결코 쉬운 일이 아닙니다. 하나님 잘되라는 하나님 중심의
삶을 살아간다는 것은 정말 쉬운 일이 아닙니다. 하루, 하루
바른 믿음의 목표를 바라보고 순례자처럼 살아가는 것입니
다. 고민도 하고, 신앙이 주는 괴로움의 짐을 무겁게 지기도
하고, 버림받고, 이해받지 못해 손가락질 받기도 하고, 견디
다 못해 쓰러지기도 하면서 순례자처럼 살아가는 것입니다.

하나님 잘되고 나는 신앙의 순례자가 되는 사람이 하나님의 사람입니다.

바르게 무릎 꿇은 다니엘
/다니엘

다니엘이 이 조서에 왕의 도장이 찍힌 것을 알고도 자기 집에 돌아가서는 윗방에 올라가 예루살렘으로 향한 창문을 열고 전에 하던 대로 하루 세 번씩 무릎을 꿇고 기도하며 그의 하나님께 감사하였더라.

다니엘서 6장 10절

삶의 위기는 다니엘에게도 찾아왔습니다

삶의 위기는 누구에게나 언제든지 찾아오며 피할 길은 없습니다. 다니엘도 예외는 아니었는데 다니엘은 부족하고 실수가 많았기 때문에 찾아온 위기가 아닙니다. 반대로 탁월하여서 함께 나라를 다스리던 다른 두 총리가 언제나 시기와 경계의 대상으로 제거하려고 했기 때문에 찾아온 위기였습니다. 이들 두 총리는 왕에게 한 가지 제안을 했는데 한 달 동안 다리오 왕 외에 다른 사람이나 신에게 구하거나 절하면 사자 굴에 집어넣는 변경할 수 없는 왕의 금령이었습니다.

위기의 도화선인 기도의 무릎을 꿇은 다니엘입니다

기도를 결코, 멈추지 않았던 다니엘에게 큰 위기가 찾아온 것입니다. 이 위기에서 다니엘이 할 수 있는 두 가지 선택의 그림을 그릴 수 있는데

첫 번째 그림은 그의 철저한 신앙대로 하나님의 선하신 뜻을 구하며 하나님 앞에 무릎을 꿇는 것입니다. 다니엘은 날마다 예루살렘을 향하여 기도의 무릎을 꿇었습니다. 이 첫 번째 그림을 그리기 위해서는 엄청난 영적인 내공이 필요합니다. 하나님께서 기도를 들어주실지 확신하기 힘들고, 하나님의 도우심이 있다 하더라도 언제 도우심의 표징이 나타날지 알 수 없고, 설령 기도가 상달되었다 하더라도 사자 굴에 들어가기 전에 응답이 올지 아니면 사자 굴에서 이미 사자 밥이 된 다음 응답이 올지 알 수가 없었습니다. 즉 하나님 앞에 드리는 기도는 응답을 믿으면서도 성취의 불투명성과 불확실성으로 비록 신앙인이라 하더라도 기피하는 그림입니다. 그럼에도 불구하고 다니엘은 첫 번째 그림을 선택하고 하나님 앞에 무릎을 꿇었습니다.

두 번째 그림은 다리오 왕에게 찾아가서 자신이 모함받아서 사자 밥이 되게 되었으니, 왕권으로 살려 달라며 왕에게 무릎을 꿇는 것입니다. 사실 두 번째 그림은 사람들이 가장

선호하는 방식입니다, 발등에 불이 떨어졌기 때문이고 첫 번째 보다는 쉬운 방법이기 때문입니다.

하나님이 생명의 주관자이심을 확신한 다니엘

다니엘은 한 가지 굳은 확신과 믿음을 가졌습니다. 생명의 주권자에 대한 믿음이고 생명의 주권자는 다리오 왕이 아닌 여호와 하나님이시라는 확신의 믿음입니다. 그 생명의 주권자인 여호와 하나님은 비록 바벨론 땅에서 포로생활을 하는 지금도 여전히 생명의 주권자이심을 믿는 믿음입니다.

다니엘이 다리오 왕 앞에 무릎을 꿇지 않은 것이 옳은 선택이었음을 보여주는 두 가지 사실이 곧 나타났습니다.

첫째가 왕이라도 변개치 못할 칙령이었으므로 다리오 왕은 왕이었음에도 다니엘이 사자 굴에 들어가는 것을 막을 수가 없었다는 것이고,

두 번째는 다리오 왕은 오직 여호와 하나님만 다니엘을 구원하실 수 있다는 믿음을 가졌던 사람이었기 때문입니다. 다리오 왕이 이 일 때문에 다니엘서 6장 8절에는

왕이 궁에 돌아가서는 밤이 새도록 금식하고 그 앞에 오락을 그치고 잠자기를 마다하니라.

고 기록합니다. 그러다가 다리오 왕은 새벽같이 사자 굴로 달려가서 다니엘의 생사를 확인합니다. 그때 다리오 왕이 한 말이

살아계시는 하나님의 종 다니엘아 네가 항상 섬기는 네 하나님이 사자들에게서 능히 너를 구원하셨느냐?

다니엘 6장 20절

는 말이었습니다. 사자 굴에서 구원할 자는 다리오 왕이 아닐 뿐만 아니라 심지어 다리오 왕마저 **"네 하나님이 사자들에게서 능히 너를 구원하였느냐!"**라고 묻는 것입니다. 다리오 왕은 생명의 주관자, 구원자는 너의 하나님 여호와뿐이라고 스스로 인정하고 고백을 한 것입니다.

왕을 의지해서는 안 되는 이유를 예측한 다니엘의 선견지명이 있었습니다

다니엘은 다리오 왕을 의지할 수 없었습니다. 정치적으로 왕이라 하더라도 총리들의 도움과 총리들이 거느린 지방 귀족들의 힘을 무시할 수가 없었습니다. 다니엘을 구하기 위하여 숫자가 더 많고 더 넓고 큰 지방의 배경을 가진 두 사람의

총리와 등을 진다는 것은 다리오왕에게 결코 좋은 일이 아닙니다.

　그 다음은 다리오 왕의 결단력의 부족입니다. 다리오왕이 두 총리에게 속았다는 것을 알았을 때, 그때에도 다리오왕은 결단하지 못했습니다. 다리오왕은 자신의 정치적 생명을 다니엘을 구하기 위하여 사용하지 않았습니다. 두려웠거나 자신의 왕관을 내걸고 모험을 하지 않으려고 한 것이겠지요.

　다리오왕이 처한 정치적 상황은 사람들이 가질 수밖에 없는 주변 환경과 같은 것입니다. 사람들이 사리 분별력이 없거나 약해서가 아닙니다. 사리 분별을 정확하게 한다고 해도 이런, 저런 많은 이유들이 마땅히 손길을 뻗어야 할 때에도 그 손을 거두게 하는 것입니다. 그렇다면 누가 나의 위기 탈출을 위하여 자신의 큰 손실이나 위험을 감수하며 도우려 할까요?

다니엘은 자신의 생명을 담보로 기도를 했습니다
　다니엘은 위기탈출을 하나님 앞에 무릎 꿇음으로 해내었습니다. 이것은 다니엘의 기도라는 것으로 설명하는 것은 충분하지 않습니다. 간단하게 표현해서 다니엘의 기도라고 하지만 다니엘이 하나님 앞에 무릎을 꿇기까지는 자신의 생명을 드리기까지 신뢰한 하나님을 향한 신앙이 있었습니다.

다니엘은 기도의 응답이 왔을 때나, 내가 원하는 응답이 아니라 하더라도 나의 여호와 하나님께 나의 생명을 맡겨 드리겠다는 결단입니다.

기도의 응답은 두 가지 모두입니다. 위기가 왔을 때 그 위기를 겪으라는 것도 응답이고, 그 위기에서 구원하시는 것도 응답입니다. 우리는 언제나 두 번째 것만 응답이라고 생각할 때가 많습니다. '목숨을 다해 너에게 온 위기를 겪어라!'는 하나님의 응답을 받는 것은 매우 신앙적 용기가 필요합니다. 다니엘은 이런 면에서 탁월한 믿음의 사람입니다.

다니엘은 위기탈출의 실마리를 하나님에게서 찾고 기도로 풀어 나갔습니다

우리가 당한 위기의 탈출에 있어서 하나님은 마지막 선택이 아니라 시작의 실마리가 되어야 함을 보여주는 사건입니다. 위기탈출의 실마리를 하나님에게서 찾고 기도로 실마리를 풀어 나가야 함을 보여 줍니다.

기도는 보이지 않지만 가장 강력한 구원의 밧줄이며,

세상 사람들은 듣지 못하지만, 하나님은 들으시는 목소리고,

기도는 가장 느려 보이지만 가장 신속하게 하나님께서 해결사가 되게 하는 것입니다.

기도는 불확실성 속의 세상에서 가장 확실한 방법이고,

기도는 미련하게 보이지만 가장 지혜로운 길이고,

기도는 인내를 요구하지만, 확실한 보증이 있는 것입니다.

온 하늘이 구름 속에 덮혀있어서 앞을 볼 수 없는 세상 속에 사는 우리들에게 질문을 던져 줍니다.

"나의 영혼의 무릎을 어디로 누구에게 꿇고 사나요?"

매도당한 청년/부자 청년

**예수께서 그를 보시고 사랑하사 이르시되 네게 아직
도 한 가지 부족한 것이 있으니.**

마가복음 10장 21절

이 청년은 탁월한 사람입니다

이 청년은 많은 설교자들에게 억울한 누명을 쓴 사람입니다. 이 청년의 순수한 신앙을 원상 복구하는 일이 필요해 보입니다. 이 청년과 관계된 중요한 단어들이 있는데 낙타, 바늘, 귀, 부자, 젊은 관원, 천국에 들어가기 어려움 등과 같은 것입니다. 이 청년은 당당하게 예수님께 구원의 길을 배우기 위하여 왔다가 예수님께 꾸중을 듣고, 가장 치명적인 오해는 재산을 팔지 못하고 근심하여 돌아가므로 심지어 영생을 얻지 못한 청년으로 인식된 것입니다.

처음 예수님과의 만남을 통해 묘사된 청년의 모습은 부자였고, 젊었지만 관원Ruler이었고, 율법도 잘 지킨 뛰어난 율법의 아들이었습니다. 상당히 뛰어난 인물입니다. 예수님을 만나서 대화하는 내용을 보면 신앙과 인격이 골고루 갖추어진 청년인 것 같습니다. 그래서 예수님은 그를 사랑하사He loved 혹은 대견스럽게 보셨다고 합니다.

무엇보다 탁월한 것은 그가 부족함이 없는 환경 가운데서도 영적 공허함을 깨닫고 영생을 얻는 길을 사모하여 예수님께 왔다는 것입니다.

어떤 목사님은 목사 고시 때 면접을 하시면서 꼭 물어 보시는 질문이 있다고 합니다. 당신이 만약 50억의 재산이 지금 있다면 그래도 목사가 되겠는가? 즉 먹고 사는 일에 염려가 없고 충분한 경제적인 여유까지 있는 환경이라면 그래도 성도들을 섬기는 사람으로 살겠는가? 하는 질문입니다. 몇 사람이나 자신 있게 "예."라고 대답을 했을까요? 목사고시를 치르는 분들이 예상치 못한 질문에 목사 고시생들이 머뭇거렸다고 합니다.

삶의 환경이 좋음에도 불구하고 영생의 문제로 고민한다는 것은 신앙적으로나 정신적으로 고상함이 있는 사람이라고 봐야 합니다.

청년은 지옥 갈 사람으로 정죄 받은 것이 아닙니다

매우 중요한 것은 예수님께서 이 청년과의 대화의 중요한 내용이 무엇인가?입니다.

　먼저 생각할 것은 예수님은 결코 이 청년을 정죄하시거나, 천국 가지 못한다고 말씀하신 것이 아니라는 점입니다. 성경 어디에도 이 청년이 지옥 가게 되었다는 뉘앙스를 갖게 하는 부분을 찾아볼 수가 없다는 것입니다. 그리고 예수님과 부자 청년과의 만남의 주제도 천국과 지옥에 대한 것이 아닙니다. 영생을 얻는 길을 찾고자 한 것입니다.

　예수님은 이 청년에게 한 가지 부족한 것을 가르쳐 주셨는데 이것은 이 청년에만 해당하는 것이 아니라 예수 믿는 믿음의 길에 서 있는 모든 사람들에게 하신 말씀입니다. 예수님은 이 청년에게 '한 가지 더'를 요구하셨는데

네 있는 것을 다 팔아서 가난한 사람들에게 주고 그리고 와서 나를 따르라!

고 하신 것입니다. 더 나아가서 고민하고 돌아가는 이 청년을 보시면서 그 당시 속담이었던 "부자가 천국에 들어가는 것은 낙타가 바늘귀로 들어가는 것보다 어렵다."라고 하셨는데 이 말씀이 부자 청년은 천국에 갈 수 없다는 말이 아닙니다.

율법은 하나님의 사랑의 법을 따라가지 못합니다

청년과의 만남에서 중요한 영적인 의미 세 가지를 보여 주는데 그 하나는 청년은 율법을 잘 지켰지만 율법을 완성하지 못했습니다. 즉 율법은 잘 지켰지만 자신을 부정하고, 자신의 것을 희생하는 사랑이라는 예수님께서 이루신 율법의 완성에는 이르지 못한 것입니다. 구약의 율법보다 신약의 예수님의 사랑의 정신이 더 높은 것임을 보여줍니다.

두 번째는 사실 이 청년만 고민하며 돌아가는 것으로 끝난 것이 아니라 더 충격을 받은 것은 예수님의 제자들이었습니다. 예수님의 부자와 낙타의 귀의 말씀을 들으면서 제자들의 반응은

제자들도 심히 놀라며, 누가 구원을 얻을 수 있는가?

라며 충격과 혼란에 빠진 것입니다. 제자들은 이 청년처럼 율법을 잘 배우지도 못했고, 지력이 뛰어난 것도 아니고, 율법을 온전히 지킨 사람들이 아닌데…. 그러면 우리는 어떻게 되는 건가? 우리는 구원의 문 근처도 못 가는 존재들이 아닌가? 하는 생각을 하게 된 것입니다. 그리고 제자들에게 큰 영향을 준 것이라면 지금 우리에게도 예수님은 율법의 완성을

요구하고 계시는 충격을 주시고 계신다는 것입니다.

그리고 가장 중요한 세 번째는 "사람으로는 할 수 없으되 하나님으로서는 다 하실 수 있느니라."고 하시며 정죄가 아닌 하나님 안에서 가능성의 여지를 남겨 주신 것입니다. 이것이 핵심입니다. 자신의 재산을 다 팔아서 가난한 사람들에게 나누어 주는 일은 절대로 쉬운 일이 아니며, 누구나 할 수 있는 일도 아닙니다. 그러므로 우리는 이 청년 관원을 믿음이 없다거나, 부자가 되어서 오히려 영적으로 손해를 봤다거나, 구원얻으려면 부자가 되어서는 안 된다는 말씀이 아닙니다.

성도들은 예수님의 이 요구에 직면하여 어리둥절합니다. 사람의 힘으로는 너무 어려운 일이기 때문입니다. 그러므로 하나님의 역사, 성령님의 역사가 심령의 가치관을 변화시키고 예수님께서 이 청년에게 말씀하신 하늘 보화를 바라보고 그 실체를 믿는 믿음으로 결단하는 사건이 있어야만 가능하다는 것입니다. 그런데 이 사실을 예수님께서도 사람으로서는 할 수 없지만 하나님은 하실 수 있다. 즉 하나님에게 사로잡히면 사람으로 할 수 없는 일, 재산을 나누어 주고 복음을 따르는 삶을 살 수 있다고 하신 것입니다.

사도행전에서 바나바는 밭이 있으매 팔아 그 값을 가지고 사도들의 발 앞에 두니...... 라고 합니다. 전 재산인지 재산의 일부인지 모르지만, 그에게는 큰 재산이었습니다. 그런데 이런 결단의 행동을 하게 된 배경이 앞에 나오는데 바로 오순절 성령충만의 사건이었습니다. 성령으로 충만한 결과가 재산을 내어놓는 일을 하게 한 것입니다. 하나님께서 하시니 재물을 팔아 가난한 사람에게도 나누어 줄 수 있다는 가능성을 보여줍니다. 성경에서 계속 이 청년이 어떻게 했는지 나오지 않지만, 예수님은 이 청년도 바나바처럼 그렇게 할 수 있다는 정죄가 아닌 가능성을 말씀하셨습니다.

우리는 청년의 고민을 하지 않아도 될까요?

우리는 예수 믿고 구원받았다는 사실만 중요하게 생각하고 즉 받은 구원만 생각하면서 이루어 가야 할 구원은 잊어버리고 사는 것은 아닐까요? 우리는 이 청년의 율법적인 의에 비하여 율법적인 의도 모자라고, 내가 어떻게 살아야 영생을 얻겠나이까? 하는 영혼의 고민도 없이 예수님의 사랑으로 모든 죄와 허물이 용서받았다는 안이함 속에서

너희 의가 서기관과 바리새인보다 더 낫지 않으면
결코 천국에 들어가지 못하리라는

말씀은 잊어버리고 사는 것은 아닌지 생각해 봅니다.

이 청년을 통하여 지금 풍요의 시대를 살고 있는 우리에게 질문을 던져 줍니다.

"당신은 영생을 얻지 못할 정도로 부자가 아닌가요?"

복은 빼앗는 것이 아니라 받는 것이다
/야곱

리브가가 집 안 자기에게 있는 그의 맏아들에서의 좋은 의복을 가져다가 그의 작은 아들 야곱에게 입히고, 또 염소 새끼의 가죽을 그의 손과 목의 매끈매끈한 곳에 입히고, 자기가 만든 별미와 떡을 자기 아들 야곱의 손에 주니.

창세기 27장 15-17절

야곱의 야망이 자신을 어렵게 만들었습니다

사람들은 나는 없고 다른 사람은 갖고 있으면 때로는 빼앗아서라도 내 것으로 만들고 싶어집니다. 우리가 알고 있는 야곱은 언제나 형의 장자의 권리와 장자가 받는 축복을 빼앗기 위하여 끈질긴 집중력을 보인 사람입니다. 장자는 세 가지 권리가 있는데 부족의 족장(정치적)이 되는 것과 부족의 제사장(종교적)이 되는 것, 그리고 두 배의 땅(경제적)을 상속받는 것입니다.

야곱은 형의 발뒤꿈치를 잡고 연이어 출생하여 간발의 차이로 모든 권리를 에서에게 넘겨주어야 했습니다. 야곱의 억울함과 속상함을 충분히 이해할 수 있습니다. 그래서 나에게 없으나 형에게는 있고, 내 것이 될 수 있었던 것을 넘겨주었기 때문에 장자의 복 받는 권리를 빼앗고 싶은 마음이 간절했습니다. 드디어 야곱은 형의 장자권을 빼앗고 축복까지 가로채는 것은 성공했지만 형의 분노로 외삼촌의 집으로 도망가야 하는 도망자가 되고 말았습니다.

야곱의 인생을 반전시켜 주신 하나님의 복의 약속이 있습니다

야곱의 인생의 반전은 도망길 루스에서 일어났습니다. 그곳에 하나님께서 나타나셔서 야곱에게 주시는 복이 창세기 28장 13절에서 15절까지 나옵니다.

또 본즉 여호와께서 그 위에 서서 이르시되 나는 여호와니 너의 조부 아브라함의 하나님이요 이삭의 하나님이라 네가 누워 있는 땅을 내가 너와 네 자손에게 주리니, 네 자손이 땅의 티끌같이 되어 네가 서쪽과 동쪽과 북쪽과 남쪽으로 퍼져 나갈지며 땅의 모든 족속이 너와 네 자손으로 말미암아 복을 받으리라. 내가 너와 함께 있어 네가 어디로 가든지 너를 지

키며 너를 이끌어 이 땅으로 돌아오게 할지라. 내가 네게 허락한 것을 다 이루기까지 너를 떠나지 아니하리라 하신지라.

하나님께서 주신 복을 보면 장자의 권리와 비교할 수 없고 아브라함과 이삭에게 약속하신 복보다도 훨씬 더 월등한 복을 주시고 실행하시겠다고 약속하신 것입니다.

아주 중요한 점은 이 엄청난 복이 야곱이 빼앗은 장자권에 의거하여 주신 복이 아니라는 것입니다. 성경 어디에도 야곱에게 주신 복이 야곱이 장자권을 빼앗기 때문이라고 하는 곳을 찾을 수가 없습니다.

이 복은 하나님께서 주신 일방적이고 무조건적 복이고 계약사상으로 볼 때도 일방적 계약이라는 계약적인 복입니다. 아브라함이 받은 복도, 이삭이 받은 복도 모두 일방적인 계약의 복입니다. 이는 아브라함이나 이삭의 의와 상관없이 그저 주시는 하나님의 복입니다. 마치 우리가 구원받은 복이 우리의 의를 근거하여 주신 것이 아니라 일방적인 하나님의 사랑과 은혜로 주어진 것과 같은 것입니다.

복을 빼앗고 고생길을 간 야곱입니다

그 대신 야곱은 형으로부터 장자권을 빼앗고 난 후 험악한 세상이 그를 기다리고 있었습니다. 성경에 나오는 족장들의 연대기를 살펴보면 야곱이 외삼촌의 집을 갈 때 나이가 70세가 넘었다고 합니다.

70세가 넘었다면 가족들과 모여 살며 가족들이 안전한 울타리를 만들어 주어야 하는데 야곱은 그 늙은 나이에 가족들과 생이별을 한 것입니다.

야곱은 거친 광야를 지나며 밤잠을 청해야 했습니다. 삼촌의 집에서 여러 가지 속임을 당하고 수모를 당합니다. 야곱이 아버지의 집으로 돌아올 때도 얍복강 가에서 형을 만나야 하는 두려움과 염려로 하나님의 사자와 격렬하게 싸우고, 사랑하는 아들 요셉을 잃어버렸다는 배다른 아들들의 말을 듣게 되었는데, 야곱의 표현을 보면 음부에 내려가는 고통을 받으며 살았습니다. 그리고 결국 그의 인생의 고백은 창세기 47장 9절에서 말하는 바

"야곱이 바로에게 아뢰되… 내 나이가 얼마 못 되니 우리 조상의 나그네 길의 연조에 미치지 못하나 험악한 세월을 보내었나이다."

결국 하나님께서 직접 주신 복과는 비교도 안 되는 장자권을 빼앗은 대가로 130세가 되도록 평생을 고난과 죄책에 짓눌려 살았던 것입니다.

장자권을 빼앗은 것이 과연 야곱에게 복이 되었느냐? 하는 것이죠.

나는 없지만 다른 사람이 받은 복을 부러워하지 말아야 할 이유입니다. 다른 사람이 받은 복을 부러워할 시간에 나에게 합당한 복을 허락해 주시기를 엎드리어 기도하는 것이 지혜자가 할 일입니다. 하나님의 복을 다른 사람을 통하여 받기를 원하는 마음보다는 하나님께서 직접 나에게 주시는 은혜를 사모하라는 말씀입니다.

하나님은 지금도 우리 성도들에게 복 주시기를 원합니다. 다른 사람들에게 복을 주셨다고 나에게 주실 복이 모자라는 것이 아닙니다. 믿음으로 붙잡아야 할 말씀들이 있습니다. 에베소서 1장 3절에서 주시는 말씀

"그리스도 안에서 하늘에 속한 신령한 복을 우리에게 주시되."

라는 영적인 복과 창세기 27장 28절에서 주시는 말씀

"하나님은 하늘의 이슬과 땅의 기름짐이며, 풍성한 곡식과 포도주를 네게 주시기를 원하노라."

는 물질의 복을 동시에. 때로는 부족하지 않게. 때로는 넘치게 주십니다.

오늘 말씀을 한 문장으로 요약해 봅니다.

"복은 빼앗는 것이 아니라 받는 것이다."

마음 판에 새기는 이야기들

구제는 사회정의입니다

갚을 것이 없으므로 내게 복이 되리니

누가복음 14장 14절

언제나 부족한 것은 물질입니다

"들어오는 돈은 거북이처럼, 나가는 돈은 토끼처럼"이라는 현실 가운데 우리의 호주머니는 언제나 빠듯하거나, 텅 비어 있을 때가 많습니다. 대체로 지출이 수입보다 많고, 혹시 수입이 지출보다 많은 때라 하더라도 장래를 위하여 준비할 것이 많은 이 시대에 구제를 한다는 것은 결코 쉬운 일이 아닌 것 같습니다.

구제는 성경의 기초 중의 하나입니다

그러나 구제는 신구약 성경이 일관성 있게 중요하게 언급하고 있고, 사람들의 율법적 의와 순수신앙의 척도로 삼을 정도이니 신앙인으로서 결코 피할 수 없는 문제입니다. 예수님 당시에도 여전히 구제는 율법의 정신을 실천하는 경건한 행위 가운데 빠지지 않는 것이었습니다. 그런데 그 당시에도 일부 종교적 사회적 지도자들은 구제를 자신들의 의를 드러내는 도구로 사용했습니다. 그들은 구제를 하면서 나팔을 불며 자랑하기도 했고 구제 못 하는 사람들을 정죄하는 도구로도 사용했습니다.

예수님은 새로운 구제 개념을 주셨습니다

예수님은 구제에 대하여 새로운 지평을 제시하셨는데, "갚을 것이 없는 자들에게 베풀어라! 그들이 은혜를 갚는다면 너희들에게 상급이 없어진다."라는 것입니다. 구제를 통하여 어떤 작은 반사이익도 이 세상에서 기대해서는 안 된다고 하신 것이었습니다. 이 말씀이 가진 의미를 찾아봅니다.

첫째는 구제의 정신은 나의 의로움이나 선량함을 보이려는 도구로 사용하지 말아야 한다고 말씀하시는 것입니다. 구제로 인하여 반사이익을 얻게 되면 구제의 선함은 사라지는 것입니다.

둘째는 구제는 경제적으로 형편이 좋은 사람들의 전유물이 아니라는 것이죠. 많은 사람들이 이런 생각으로 구제의 순간을 피해 가려고 합니다. 그러나 다른 사람에게 밥 한 그릇

대접할 형편의 사람이라면 밥을 먹을 수 없는 사람에게 구제를 할 형편이 된다는 것입니다. 냉수 한 컵의 사랑도 큰데 밥한 그릇에 담긴 사랑은 얼마나 큰 것일까요?

셋째는 구제하고 스스로 발설하는 것은 구제의 진실성과 값어치를 현저하게 손상하는 것입니다. 성경뿐만 아니라 동서양의 공통적인 생각은 스스로 자랑을 하지 말라는 것임을 기억해야 합니다.

넷째는 무엇보다도 구원받을 능력이 하나도 없는 나에게 구원의 은혜를 값없이 주신 예수님의 사랑과 그의 십자가를 생각해야 한다는 것입니다. 사도 바울처럼 빚진 자의 마음을 가져야 구제가 가능하다는 것입니다.

다섯째 사회가 나에게 베풀어 준 혜택을 감사하는 마음이 있어야 합니다. 미성숙의 단계에서는 사회적 분노에 진심입니다. 그러나 세월이 흐르고 진솔한 자아와 만났을 때 나 같은 사람을 사회가 돌보고, 보호하고, 생존을 가능하게 하고, 사람됨의 활동을 하게 하고, 나의 존재가치를 만들어 준 것이 크다고 깨닫는 것입니다. 그러므로 사회적 분노가 바뀌어 사회에 은혜 갚을 진심인 마음을 가질 때 구제하는 사람이 된다는 것입니다.

구약의 구제는 사회정의입니다

구약에서 '구제를 푸는 것'은 '정의'라는 의미를 가지는데 구제는 고아와 과부와 나그네들 즉 사회적 약자들에게 베푸시는 '하나님의 사랑이라는 사회적 정의'였습니다.

성경적인 관점은 사회정의를 외치며 거리를 뛰쳐나가거나, 정부에 항거하는 행위도 때로는 필요하지만 자신의 이웃에게 구제를 하면 그것이 바로 사회적 정의를 몸소 실천하는 것입니다.

구제를 하지 않는 것은 단순히 '형편이 어려워서'라는 마음은 물질을 풀지 않는 일이 아니라 소극적으로는 사회적 정의와 반대되는 사회적 불의를 행하는 것입니다.

한때 부요했던 사업가와 대화할 기회가 있었습니다.

그분은 마음이 선량해서 사업으로 얻은 수익의 일부를 어려운 사람들과 나누면서 살았다고 합니다. 동시에 인간적인 마음으로 "내가 이렇게 선한 마음으로 물질을 나누면 하나님께서 더 많은 은혜를 주시겠지."라는 일말의 기대감도 사실은 있었다고 했습니다. 그러다가 점점 사업이 어려워져서 이제는 겨우 생계를 이을 정도가 되었다고 합니다. 그때 깨달았다고 합니다. "하나님께서 나에게 주신 가장 큰 은혜는 내가 다른 사람들에게 물질을 나누어 줄 수 있었던 그때였다." 했습니다. 구제에 참여할 수 있는 때가 가장 부요한 때이며, 하나님의 은혜를 가장 많이 받은 때가 아닐까를 생각해 봅니다.

구제는 분량이 아니라 행함입니다

구제는 "얼마나 많이 하느냐!"에 강조가 있는 것이 아니라 '얼마나 많이'를 뺀 '구제를 하느냐!'에 강조가 있습니다.

오드리 헵번이 평생 좌우명 삼았다는 말이 생각납니다.

> **"그대의 손이 두 개인 이유가 하나는 자신을 돕기 위해서, 하나는 다른 이를 돕기 위해서임을 발견하게 되리라."**

하나님의 정의를 실천하는 이 선한 일을 복지제도에만 맡겨놓고 뒷짐 지고 있는 그리스도인이나 교회가 되어서야 하겠습니까?

후회는 하나님의 호소입니다

하나님의 뜻대로 하는 근심은 구원에 이르게 하는
회개를…. 세상근심은 사망을 이루는 것이니라.
고린도후서 7장 10절

후회 없는 인생을 살고 싶지만, 인간의 죄악 된 성품과 어리석음과 환경적인 요인으로 인하여 불가능한 일로 보입니다. 별로 달갑지 않는 것이 후회인데 후회할 것이 많은 것도 문제이지만 자주 그것이 생각나는 것도 문제입니다. 그러나 가장 큰 문제는 후회는 괴로움과 아픔의 흔적을 다시금 짚어주고 간다는 것이죠.

영혼과 영성에 유익한 도구인 후회

그러나 후회는 우리에게 경건과 영성에 매우 유익한 계기를 줍니다. 후회의 기여도가 가장 높은 것은 회개로 이끌어주는 역할을 한다는 것입니다. 그것은 후회와 회개가 동일하게 '무엇인가 잘못되었음을 자각'하는 것에서부터 시작된다는 공통점 때문입니다. 잘못되었음을 자각하는 것은 매우 좋은 현상입니다. 요즘처럼 잘못하고도 내가 무엇을 잘못했느냐고 반문하는 이 시대에....

후회는 회개의 전조현상

후회를 값지고 의미 있게 바꾸는 일은 후회할 일이 떠오르거나 찾아오는 시간은 곧 회개할 시간임을 인정하고 받아들이는 순간입니다. 그리고 후회가 후회로만 끝나면 후회는 효과와 의미가 없다는 것입니다.

우리가 들어서 잘 알고 있는 것이 예수님을 배신한 베드로와 예수님을 팔아 버린 가룟 유다가 같은 후회를 했지만 베드로의 잘한 것은 후회를 통하여 회개를 했다는 것이고, 가룟유다는 후회를 통하여 자살을 했다는 차이입니다. 후회만하고 회개하지 않는 것은 나의 영혼을 척박하게 굳은 상태로 방치하는 것이 아닐까요?

후회할 일 가운데 어떤 일은 전적으로 나의 실수가, 어떤 일은 부분적으로 나의 미흡함이, 어떤 일은 환경적인 요인이, 어떤 일은 피치 못할 사정 때문에 생겨난 일일 수 있습니다. 후회할 일들 모두를 끌어안고 회개하면 좋겠지만 그것이 너무 힘겨울 때는 내가 인정하는 부분만 하나님과 때로는 사람 앞에 잘못되었음을 인정하고, 회개기도 하기를 권합니다.

회개도 영적 자각이 예민한 사람들이 하는 것입니다

대부분 성도들이 회개하려면 날을 잡고 하나님의 거룩한 성전에서나, 기도원에서나, 심지어 기도굴 같은 데서 진지하게 눈물을 흘리며 해야 하는 것으로 생각합니다. 그러나 잊으면 안 될 것이 있는데 이런 회개기도도 영적으로 민감한 상태의 사람들에게서 찾아오는 회개의 기회란 점입니다.

영적으로 둔한 상태는 회개의 기회를 자주 지나쳐 버리고 죄를 쌓게 됩니다. 비록 작은 후회일지라도 후회가 될 때마다 회개하는 습관은 마침내 나의 깊은 내면의 회개해야 할 상태까지 이끌어 줍니다. 즉 영적 민감성을 강화시켜 주는 일을 한다는 것이죠. 척박한 상태로 방치된 영혼은 회개의 시간에도 무감각하게 지날 때가 대부분이고 정작 회개할 때는 하나님께서 때리시는 매를 맞은 후에야 가능합니다.

후회는 회개에 이르도록 하는 하나님의 호소입니다

후회는 영적인 상태 이건, 인간적인 양심의 상태이건 후회로 자각하는 나의 잘못된 어떤 것을 해결할 수 있도록 이끄시는 방법입니다. 그러므로 후회는 하나님께서 나의 영혼을 섬세하게 만지고 계신다는 증거입니다. 즉 후회하는 마음을 주시는 것은 나를 때리지 않고 회개로 이끄시겠다는 하나님의 호소인 것입니다.

오늘도 후회가 되나요? 마음이 힘들 수 있지만 회개하시면 후회로부터 자유를 얻는 기쁨을 맛보시게 될 것입니다.

후회만 하고 끝나는 것을 '세상 근심'으로, 후회가 회개로 변할 때 '하나님 뜻대로 하는 근심'으로 적용해 봅니다.

기특한 그리스도인과
낙인이 있는 그리스도인

청함을 받은 자는 많되 택함을 입은 자는 적으니라.

마태복음 22장 14절

예수님을 안심 보험으로 신맥 맺은 사람들이 있습니다

마당발이라고 하는 인맥이 넓은 사람의 고민을 들어 봤습니다. 퇴직을 한 후에 영업을 하게 되었는데 그동안 사귀어 두었던 사람들 즉 보물단지 안에 있던 사람들의 리스트를 가지고 희망 가운데 찾아가 영업했는데 상품을 구입하는 사람이 아무도 없었다고 하며 실망의 말을 했습니다. 어려운 때를 위하여 쌓아온 인맥들인데 정작 어려울 때는 무용지물이 되고 말았죠. 그들은 도움이 되는 사람이 아니라 알고만 있는 사람들뿐이었습니다.

성도들도 예수님과의 관계에서 예수님을 알고만 지내는 사람들이 있고 구세주의 관계로 그의 살과 피를 먹고 마신 관계가 있습니다. 예수님을 알고만 지내는 사람들은 예수님을 보물처럼 아끼는 인맥 리스트에 올리운 것에 불과한 것입니다. 이런 분들은 예수님에 대하여 들은 것도 많고 기독교에 대하여 아는 것도 많고, 나름대로 신앙생활을 꾸준하게 하면서 교회 생활도 충실합니다.

그러면서 이런 분들 가운데는 예수님은 언제나 든든한 후원자이고 예수님은 언제든지 호출하기만 하면 자신들을 위하여 달려오실 분 아니 달려오셔야 하는 분으로 생각합니다. 예수님은 언제나 자신을 위하여 존재해야 한다고 믿고 삽니다. 예수님은 든든한 신맥이고 안심보험인 셈이죠.

기특한 성도에서 그리스도의 낙인이 있는 성도가 되어야 합니다

때로는 교회들이 값싼 은혜를 남발하여 교회 잘 다니고, 헌금 생활 잘하면 구원받은 증거로 인정하는 태도를 보여주기도 합니다. 목회를 해 보면 사실 교회 잘 다니는 것도 힘든 일이고 헌금 생활 잘하는 것도 힘든 일임을 알게 됩니다. 사실 이 두 가지만 해도 '기특한 성도'입니다.

그러나 기특한 성도라고 해서 그리스도인이라고 단정할 수는 없습니다. 이 수준은 예수님을 알고 인사하며 지내는 사이 정도일 수 있는 일입니다. 성도는 기특한 수준에서 그리스도의 낙인이 있는 사람으로 변해야 합니다. 영적으로는 회개와 더불어 구원의 확신이고, 육적으로는 그리스도를 위하여 고난받는 것도 경험하는 사람입니다.

갈라디아서 6장 17절 말씀에 사도 바울은

**이후로는 누구든지 나를 괴롭게 하지 말라 내가 내
몸에 예수의 흔적을 지니고 있노라!**

고 했습니다.

흔적이란 헬라어로는 스티그마로 낙인이라는 도장입니다.
짐승들에게도 주인의 소유를 알리기 위하여 달구어진 쇠붙이
로 주인의 도장을 찍었습니다. 사람의 경우도 노예들에게는
주인의 소유를 나타내기 위하여 낙인을 찍었습니다.

바울은 그 스티그마를 예수님의 복음을 위하여 고난당하
면서 가지게 된 상처의 흔적들을 그리스도의 흔적이라고 했
습니다. 즉 몸으로 보인 흔적입니다. 그런데 예수님을 알고만
지내는 사람들은 이런 흔적들을 가지게 될 것을 두려워하거
나 찾아볼 수가 없습니다.

우리가 잘 구별하는 두 종류의 그리스도인이 있는데 이름
만 그리스도인(nominal christian)과 그리스도의 사람으로 다시
태어난 그리스도인(born again christian)입니다. 이름만 그리스도

인을 기특한 그리스도인으로 거듭난 그리스도인을 낙인이 있는 그리스도인으로 불러 봅니다.

기특한 그리스도인과 낙인이 있는 그리스도인의 차이가 있습니다

첫째 낙인이 있는 그리스도인은 그리스도Christ를 따르는 사람이란 뜻으로 크리스챤Christain입니다. 사도행전 11장 26절에서 **'제자들이 안디옥에서 비로소 그리스도인이라 일컬음을 받게 되었더라.'** 고합니다.

예수님을 알고 지내는 사람은 예수님을 전적으로 따르지 않습니다. 종종 방향이 다릅니다.

두 번째는 낙인이 있는 그리스도인은 그리스도를 따라가려면 예수님의 영과 마음이 같아야 따를 수가 있기 때문에 당연히 그리스도의 영이 그 안에 있는 사람입니다. 로마서 8장 9절에는 **누구든지 그리스도의 영이 없으면 그리스도의 사람이 아니라**고 하셨습니다. 그리스도의 영은 구원과 하나님과의 화해를 하게하고, 그리스도의 가르침에 지배를 받는 일을 합니다.

예수를 알고만 지내는 사람은 비록 사탄의 영은 아닐지라도 세상의 온갖 잡다한 사상과 가치관을 명확한 구별없이 가지고 삽니다.

셋째로 낙인이 있는 그리스도인들이 예수님을 따라가려면 바로 예수 그리스도를 영과 혼의 모범으로 삼고 그에게까지 자라가는 사람입니다.

사도바울은 에베소서 4장 15절에서 **'범사에 그에게까지 자랄지라.'**고 합니다. 예수님께서 성장의 목표와 목적이 되는 사람입니다. 사도 요한은 그리스도와의 사귐이라고 했습니다.

예수님을 알고만 지내는 사람들은 자신에게 롤 모델이 있기는 하겠지만 그 롤 모델이 예수님이 아닌 경우의 사람입니다.

네 번째로는 낙인이 있는 그리스도인은 하나님의 양자가 된 사람입니다. 로마서 8장 15절에는 **그리스도인들은 양자의 영을 받은 사람**을 말합니다. 하나님을 아버지로 부를 수 있는 권리와 자격을 얻은 사람입니다. 그러므로 아버지를 알기 힘쓰고, 아버지를 순종하며 따르고, 아버지가 지시하고 명령한 것을 실천하는 성도들입니다.

예수님을 알고만 지내는 사람들은 하나님을 전심으로 아들 된 고백도 하지 않을 뿐만아니라 아들 됨의 부담을 갖기 싫어합니다. 그러니 아들 된 의무도 행하지 않습니다.

청함을 받은 사람은 기특한 성도이며 선택을 받은 성도는 낙인이 있는 성도입니다

예수님께서 청함을 받은 사람은 많지만 택하심을 입은 사람은 적다고 하셨는데 유대인들의 잔치에서 흔히 볼 수 있는 광경들입니다.

유대인들은 잔치를 하면 우선 초대장을 전합니다. 그렇다고 초대장을 받은 사람들이 모두 잔치에 오는 것도 아니며, 여러 가지 이유와 변명들을 가지고 초대에 오지 않습니다. 그래서 정작 잔치자리에 앉아서 잔치를 즐기는 선택받은 사람은 소수일 수밖에 없는 것이죠.

예수님을 알고만 지내는 사람은 초청장을 받은 사람일 뿐입니다. 구약적으로 보자면 헛되이 성전 뜰만 밟고 가는 사람들입니다. 그런데 정작 예수님을 알고만 지내는 사람들은 자신이 청함만 받은 사람이요, 성전 뜰만 헛되이 밟고 가는 사람인 것을 알지 못합니다.

인맥 마당발은 방관자 효과의 희생자가 될 수 있습니다

방관자 효과라는 이론은 어떤 사람이 위기에 빠졌을 때 그 상황을 지켜보는 사람이 많으면 "내가 아니더라도 누군가 도와주겠지......"라고 생각하면서 실제로는 사람들이 많은데도 아무도 돕지 않는 것이라 합니다. 요사이처럼 위기에 빠진 사람을 대상으로 위기 구출보다는 동영상 촬영하는 사람들이라고도 할 수 있습니다.

방관자 효과와 마당발 효과가 같을 수 있습니다. 위기를 만나면 주위 사람들이 "저 사람은 인맥이 넓으니 내가 돕지 않아도 도와줄 사람이 많을 거야!"라고 하며 사실은 아무도 도움을 주지 않는 것처럼요.

똑똑한 집 한 채같이 예수님을 똑똑한 신맥으로 만듭시다

한때 유행어 가운데 똑똑한 집 한 채가 있어야 한다고 했습니다. 1인 1가구 개념으로 다가구 소유자들이 세금과 재산 문제 등으로 집을 한 채만 남기고 모두 정리를 해야만 했던 때가 있었습니다. 그때 유행한 말이 똑똑한 집 한 채였습니다. 여러 채의 집을 가져도 마지막 돈 되는 집을 간직하지 않으면 마치 소문난 잔칫집에 먹을 것이 없는 것처럼 집이 많다는 소문만 나고 사실은 별로 가진 게 없는 그런 사람이 된다는 것이지요.

우리에게는 많은 방관자 같은 사소한 여러 채의 집들이 필요한 것이 아니라 똑똑하고 참되신 후원자 한 분, 예수님이 필요한 것은 아닐까요?

방관자와 같이 널려 있으나 아무런 유익이 없는 인맥을 대신해서요.

시편 33편 16절의 말씀을 읽어 봅니다.

"많은 군대로 구원 얻은 왕이 없으며, 용사가 힘이 커도 스스로 구하지 못하는도다."

많은 군대를 많은 인맥으로 왕과 용사는 나로 바꾸어 생각해 보면, '많은 인맥으로 구원받은 내가 아니고 인맥의 힘이 커도 그 인맥이 나를 구원하지 못하는도다.'라고 하겠습니다.

사도 바울은 로마서 8장 35절에서 아무리 어려움을 당해도 예수님의 사랑으로 보장해 주시는 은혜는 환난, 곤고, 핍박, 기근, 적신, 위험, 칼로부터 지켜 주신다고 했습니다. 이런 예수님과 신맥을 맺어 그분께서 지배하시고, 그분이 통치해 주시는 똘똘한 후원자 예수님을 모시고 사는 성도가 되었으면 좋겠습니다.

재활용의 귀재이신 하나님

**내가 토기장이의 집으로 내려가서 본즉 그가 녹로로
일을 하는데 진흙으로 만든 그릇이 토기장이의 손에
서 터지매 그가 그것으로 그가 그것으로 자기 의견
에 좋은 대로 다른 그릇을 만들더라.**

예레미야 18장 3절-4절

신앙에도 애프터서비스After Service가 있습니다

자동차나 기계제품이 본래 상태에서 소비자의 잘못이 아
닌 본 제품의 하자가 생겨서 기능상에 위험한 문제가 생기면
무료로 그 주된 부품을 바꾸고 수리하는 리콜제도가 있습니
다. 그런데 기계를 사용하다가 고장이 생기면 애프터서비스
를 받아야 합니다. 사실은 애프터서비스를 받지 않고도 계속
사용할 수 있는 것이 더 좋은 것이겠죠. 기계만 그런 것이 아
니라 사람들도 동일합니다.

성경에선 특별히 애프터서비스 대상은 불순종의 백성들입

니다. 처음엔 완제품 즉 순종의 사람으로 잘 만들어 놓으셨는데 사용 중에 하자가 생기는 것과 같이 아담과 하와도 완제품으로 창조하셨는데 자유의지로 불순종을 선택했습니다. 이들도 애프터서비스를 받아야 합니다.

토기는 토기장이의 녹로 위에서 변화합니다

변화시키는 하나님의 절대 주권에 대한 예증으로 예레미야는 힌놈 골짜기에 있는 토기장이의 집을 방문합니다. 불순종의 백성들을 향하여 선지자로 준비시키시는 하나님의 방법입니다. 예레미야는 토기장이가 도자기를 만들기 위하여 흙을 원형 테이블 위에 올려놓고 돌리면서 그릇의 모양을 만들어 가는 작업을 봅니다. 그 원형 테이블인 녹로에서 토기장이가 원하는 모습이 나오지 않을 때 그 흙을 사정없이 파상하는 것을 보았습니다. 파상은 깨뜨리는 것과 다른 것인데 파상은 아직 굳지 않은 흙을 그대로 흙 단지에 다시 던져 넣은 작업입니다.

하나님은 문제가 있다고 버리는 것이 아니라 재창조하십니다

예레미야는 두 가지 중요한 사실을 발견합니다. 한 가지는 파상한 흙을 버리지 않는다는 것입니다. "그가 그것으로...." 파상한 흙을 완전히 버리고 다른 새 흙으로 그릇을 만드는 것이 아니라 버린 흙을 흙 단지 안에 있는 흙과 같이 이겨서 다시 녹로 위에 올려서 그릇을 만들어 간다는 것을 보았습니다. 하나님께서는 우리의 불량한 상태를 보시고 쓸어서 없애 버리시는 것이 아니라 불량한 상태를 다시 우량한 상태로 재창조하시는 것을 예레미야는 보았습니다.

파상당하는 것은 버림을 당하는 것이 아닙니다. 파상당하는 것은 재창조가 이루어지는 과정입니다. 우리의 삶이 지금 깨어지고, 허물어지고, 형체를 알아볼 수 없을 정도로 삶의 혼란이 온다면 파상의 상태라 보아야 할 것입니다. 재창조의 대기실에 있는 것입니다.

하나님의 일과 위대한 미술가들의 공통점이 있습니다

우리가 알고 있는 위대한 미술가들이 거의 공통적으로 하는 일이 바로 캔버스 재활용이라 합니다. 프랑스의 작가 자비에 루케지Xavier Lucchesi가 X-Ray 사진기로 역대의 명작들을 촬영했는데 그 작품들의 상당수가 공통점을 가지고 있다는 사실을 발견했다고 합니다. 바로 캔버스 재활용으로 캔버스에 그려진 그림이 마음에 들지 않거나 캔버스가 모자라면 재정이 부족했던 화가들이 이전 그림을 지우고 그 위에 새 그림을 그렸는데 더 위대한 그림을 그렸다는 점입니다.

우리가 잘 아는 레오나르도 다빈지의 <모나리자>, 모나리자도 엑스선으로 촬영했더니 다른 여자(그림으로 실패한 것이거나 다른 여자의 초상화거나)의 초상화가 이미 그려져 있었다는 것을 알게 되었습니다. 램브란드, 빈센트 반 고흐 등등 세계적인 대작가들이 대부분 이와 같은 캔버스의 재활용이 이루어졌다는 것입니다.

하나님께서는 우리의 불량한 부분을 지우시거나, 잘라내시거나, 도려내시거나, 수리하셔서 더 유익한 존재로 만드시는 분임을 깨닫게 됩니다. 예수님께서 가룟사람 유다가 이끌고 온 로마 군인들에게 잡히시자, 마가라 알려진 제자는 너무 놀라 도망을 갔는데 겉옷이 벗겨진 것도 모른 채 알몸으로 도망했다고 합니다. 베드로는 물론 배신했구요. 그러나 부활하신 후에 예수님은 제자들을 갈아치우지 않으시고 대신에 사랑하시고, 용서하시고, 성령으로 충만하게 하셔서 사명자로 세우셨습니다.

우리가 파상당하는 것은 우리의 어리석고 부끄러움을 제거하시기 위한 것입니다. 하나님은 '나'라는 캔버스위에 지울 것은 지우시고, 또 다른 명작을 그리고 계십니다.

어떻게 만들어짐의 권한은 토기장이이신 하나님께 있습니다

두 번째 발견한 것은 결국은 토기장이 마음대로 즉 그의 소견대로 만들더라는 것입니다. 우리는 하나님의 손안에 있는 존재들입니다. 옛날에 사람들이 "날고 뛰어봐야 부처님 손바닥 안이야!"라고 자주 말했습니다. 부처라는 석가무늬는 죽고 없습니다. 그러나 하나님은 여전히 살아 계시고 우리를 주장하시는 분입니다. 오늘 말씀하셨네요, 너희가 날고 뛰어도 내 손안에 있느니라. 찬송가 549장 가사를 보면 "내 주여 뜻대로 행하시옵소서.... 날 주관하셔서 뜻대로 하소서...." 하나님의 뜻대로 하나님은 나를 만드시고, 재창조하십니다.

하나님의 재창조는 내가 기대하는 이상의 것입니다

그런데 우리의 마음과 의식의 깊은 곳에 가지고 있는 불안한 의문이 있습니다. 하나님의 절대 주권과 창조의 주인이심을 믿음에도 불구하고 불안한 마음은 '하나님께서 나를 재창조하시는데 내가 원하는 모습으로 만들지 않을 것을 의심하는 마음'입니다.

나는 부자로 살고 싶은데 가난한 사람으로 만드실까 봐! 나는 유명한 사람이 되고 싶은데 이름도 성도 없는 사람이 될까 봐! 나는 고위 공무원이 되고 싶은데 하위직으로 있다가

퇴직할까 봐! 나는 예수도 믿고 자유롭게도 살고 싶은데 거룩함에 매여 살까 봐! 어느 날 갑자기 나를 오지의 선교사로 부르실까 봐!

하나님께 맡겨 드리기 위하여 우리는 디모데전서 4장 4절 말씀을 믿음을 가져야 하겠습니다.

"하나님께서 지으신 모든 것이 선하매 감사함으로
받으면 버릴 것이 없나니…."

라고 했습니다. 이것은 사도 바울이 음식에 대하여 하신 말씀입니다. 음식조차도 선하게 지음받아 버릴 것이 없다면 우리 사람은 얼마나 선하고 아름답게 만드실까요? 그리고 버릴 것도. 후회할 것도 없는 존재로 만드실까요?

하나님께서 나를 어떤 모양으로 재창조하셔도 내가 기대하는 이상으로 값지고, 선하고, 아름다운 모습으로 재창조될 것을 믿고 나의 주인 되신 하나님께 온전히 자신을 맡겨 드리는 삶이 되었으면 좋겠습니다.

권위의 변신

이는 그 가르치시는 것이 권위 있는 자와 같고……

마태복음 7장 29절

우리가 살고 있는 포스트모던Post-modernism 시대의 가장 큰 특징 가운데 하나는 탈권위와 권위의 파괴시대라는 것입니다. 더 나아가서 권위의 붕괴란 말이 더 적합한 것 같습니다. 권위주의는 당연히 환영받지 못하고, 심지어 기본적인 권위까지도 인정하지 않으려는 시대에 살고 있습니다.

그러나 권위는 여전히 존재합니다

그럼, 권위는 사라진 것일까요? 아니라고 봅니다. 이 시대의 사람들과 경향은 모더니즘의 형태인 종교, 교육, 법, 부모와 같은 객관적인 권위는 인정하지 않으려 하는 대신 더 강력한 권위인 주관적인 권위가 생겨났습니다. 이전 modernism의 권위가 '객관적으로 주어진 권위'였다면 더 강력한 포스트모더니즘 시대의 권위인 주관적인 권위는 바로 '내가 부여한 권위'입니다. 내가 부여한 권위란 내가 중요한 것들이라 여기는 것이고, 내가 가장 큰 가치를 부여한 것들입니다. 이런 것들을 성취하거나 소유하는데 방해되는 것들은 용납을 하지 않습니다. 결국 이런 것들이 나를 지배하는 것이 되고 나는 이런 것들을 섬기면서 사는 인생이 됩니다.

이런 것들은 **'내가 주인 삼는 것'**입니다. 내가 가장 큰 가치를 부여한 재물, 학벌, 명예, 자녀들, 성공, 자아 만족, 취미생활 등등이 포함된 것으로 이런 것이 나의 주인이 되었다면 이것들은 나를 지배하는 최고의 권위이며 다른 권위들은 이것들을 얻기 위한 보조수단이 됩니다. 그 보조수단에 예수님의 권위와 능력도 줄 서 있는데 예수님의 권위와 능력도 나의 주인 삼는 것을 성취하기 위하여 진열되어 있는 도구들 중의 하나가 됩니다. 지금 우리는 내가 부여한 권위가 나를 지배하는 원리이고 삶의 목적이 된 시대를 살고 있습니다.

가장 강력한 권위가 있습니다

사람들은 종교나 교육 이념, 국가 등과 같이 주어진 권위에 대하여서는 때로는 투쟁하고, 반항하기도 하지만 내가 주인 삼은 것에 부여한 권위에 대하여서는 절대 순종합니다.

사실 많은 성도들에게 이미 예수님의 권위는 그 권위의 권좌에서 밀려난 지 오래되었습니다. 예수님의 말씀도 내가 가지고, 이루려고 하는 것과 결이 다르면 말씀을 떠나거나 불순종하며 살 뿐 아니라 죄의식도 갖지 않고 사는 것입니다. 내가 주인 삼은 것들에 이미 최고의 권위를 부여하고 살고 있는데 굳이 예수님을 최고의 권위자로 모심으로 갈등해야 할 이유가 없다는 것입니다.

그러므로 권위는 '**사라진 것이 아니라**' 단지 권의의 '**대상이 바뀌어 버린 것**'입니다.

성도들은 예수님의 권위 앞에 두려움을 가지고 살아야 합니다

지금은 예수님의 신적 권위의 가르침도 때로는 통하지 않는 상황에 우리가 살고 있는 것은 아닌가? 하고 생각합니다. 우리는 예수님께 이렇게 말합니다. "우리에게 일이 생길 때마다 말씀을 읽어라! 기도해라! 순종하라! 하시며 나서지 마시고 내가 필요해서 부를 때 그때 오세요! 제발 저기서 기다리고 계세요!"라고 하며 예수님의 권위를 인정하지 않고 살 때가 많습니다. 예수님마저도 순위경쟁에서 밀려난 것입니다.

이 시대에 예수님은 '내가 부여한 권위' 밑에서 땀 흘려 일하고 계시는 일꾼으로 전락하고 만 것이 아닌가 생각합니다. 명령자와 순종자의 관계가 바뀌어 버린 것입니다. 이제는 우리가 예수님을 향하여 내가 주인 삼은 것에 협조하라고 요구하는 것입니다.

그러나 예수님의 가르침에는 권위가 있었는데 바로 신적인 권위이며, 하나님의 권위이고, 피할 수도, 거부할 수도 없는 위엄 있는 권위였습니다. 바리새인들과 같은 권위 즉 사람의 권위가 아니었습니다.

예수님이 가진 절대적 권위는 하나님께서 요한복음 5장 27절에 예수님께 주신 권위로 **"또 인자됨을 인하여 심판하는 권세를 주셨느니라."**라고 하신 것입니다. 세상 모든 권위는 즉 국가의 권위든지, 개인의 권위든지, 종교의 권위든지, 사상과 철학의 권위든지 결국은 예수님의 권위 앞에서 심판을 받게 될 것이고 그 권위들의 운명이 결정된다는 사실을 우리는 기억해야 합니다. 우리는 하나님께서 부여하신 권위 앞에서 '내가 부여한 권위들'이 심판받게 될 것이라는 두려운 사실을 기억하며 살아야 합니다.

권위는 사라진 것이 아닙니다. '단지 어디 있느냐?'입니다. 나를 지배하는 최고 권위의 자리에는 누가 있나요?

지푸라기 예수님

상 아래 개들도 아이들이 먹던 부스러기를 먹나이다.

마가복음 7장 28절

짚을 모아 놓은 짚단 중에 한 올의 줄기를 지푸라기라고 부릅니다. 지푸라기는 말라 버린 짚이어서 손만 대어도 부서지기도 하고, 가루가 되어 날아가기도 합니다.

지푸라기는 무게를 지탱하거나 끈의 역할을 할 수 없는 무용지물과 다를 바 없는 것이지요, 바람에 날리는 겨와 다를 바 없는 존재입니다.

공교롭게도 동서양의 사람들이 모두 절박하게 기댈 곳이나 도움을 요청할 때 지푸라기라도 잡는 심정이라고 합니다.

지푸라기를 잡으러 온 여인

수리아의 페니키아 지방의 이방인 여자가 예수님께 엎드리어 애걸하며 딸에게 들린 귀신을 쫓아내어 줄 것을 부탁드렸습니다. 예수님의 평소 사랑과 인자하심이 가득한 모습과는 달리 너무나 단호하게 이방인들 즉 개들에게 줄 은혜가 없다고 하시면서 거절하였습니다.

이 수로보니게 여인은 예수님이 마지막 붙잡아야 할 지푸라기였기에 물러나지 않고 개에게 던져 줄 은혜라도 달라면서 매달렸습니다. 이 여인의 절박함을 보시고 즉각적으로 딸에게 들린 귀신을 쫓아주시므로 수로보니게 여인에게 지푸라기 역할을 충실하게 해 주셨습니다.

예수님은 12년 동안 혈루병 걸린 여인이, 38년 동안 움직이지 못한 병자가, 아들이 먼저 죽은 과부의, 지붕을 뚫고 내려진 중풍병자의, 돌에 맞아 죽을 각오를 하고 예수님을 찾아온 10명의 문둥병자들이 마지막으로 허우적거리고 버둥거리며 잡으려고 했던 그 지푸라기가 되어 주셨습니다.

수로보니게 여인의 다급함이 필요한 그리스도인

현대인을 가리켜 안락한 소파에 앉아 수없이 많은 고민을 하는 존재라고 했습니다. 그리스도인들도 나름대로 경제력을 가지면서 안락한 소파 위의 생활을 하는 것은 아닌지 생각해 봅니다. 절박한 상황이 왔음에도 불구하고, 점잖게 기도하면서 상황들이 지나가기를 바라는 모습으로 변한 것은 아닌가 생각해 봅니다. 소파 위에 너무 오랫동안 앉아 있어서 하나님을 찾아가는데 저는 다리, 힘없는 다리가 되어 버린 것은 아닌지.......

　예수님은 너희들이 원한다면 그 하잘 것 없는 지푸라기 역할이라도 해 주시겠다고 기다리고 계시지만 우리는 지푸라기 잡을 일은 없을 것이라는 마음으로 살고 있는 것은 아닌가요? 지난 날 살기 너무 어려워서 예수를 믿는 것인지, 예수님의 손에 있는 것을 빼앗으려고 억지를 부리는 것인지 분간이 안 될 정도로 지푸라기 잡는 기도생활이 있었습니다. 그런 신앙이 바른 것인지, 아닌지에 대하여 논란도 많았지만, 이제는 그 지푸라기 붙잡는 소리도 사라지고 있다는 것입니다.

　내 영혼 속에 지푸라기를 잡는 기도 소리가 있는지 귀 기울여 들어 봅니다.

열받거든

주권자가 네게 분을 일으키거든 너는 네 자리를 떠나지 말라. 공손함이 큰 허물을 용서 받게 하느니라. 내가 해 아래에서 한 가지 재난을 보았노니 곧 주권자에게서 나오는 허물이라

전도서 10장 4절과 5절

윗사람들의 분노의 쓰레기통이 될 때가 많습니다

참 어려운 일들이 많습니다. 윗사람에게서 뜻하지 않는 꾸지람이나 책망을 들을 때입니다. 무슨 날벼락 같습니다. 특히 잘한 것은 윗사람들이 자기의 업적으로 남기고 부족하고 조금 잘못된 것은 아랫사람들을 탓할 때는 더 그렇습니다. 윗사람들이 분노를 높이고, 분노의 열기가 입을 통하여 불처럼 다가올 때 더욱 참기가 어려워집니다. 억장이 무너지고 자괴감이 들고 때로는 "이렇게 해서라도 살아야 하나?" 하는 마음이 듭니다. 더욱이 젊었을 때는 더 견디기 어려운 일들입니다. 어떤 분들은 다 나를 위한 것이지 참고 견디라고 하지

211

만 그것도 한계가 있어 보입니다.

분노를 드러낼 환경이 아니어서 더 힘듭니다

사람들이 말하는 '받아치고 싶을 때' 그러나 환경과 상황이 그렇게 할 수 없을 때 고민이 아닐 수 없습니다. 그리고 이런 상황을 성공적으로 극복하는 일도 힘듭니다. 그렇다고 부당하게 화를 당했다고 직장을 옮겨 다니거나 윗사람들에게 함부로 항거했다가 다가올 불이익을 생각하면 이렇게도 저렇게도 할 수 없을 때가 있습니다.

전도서는 우리에게 조심스러운 지혜의 조언을 해 줍니다. 전도서 10장 4절 말씀인데

주권자가 네게 분을 일으키거든 너는 네 자리를 떠나지 말라 공손함이 큰 허물을 용서받게 하느니라.

이 말씀은 첫째는 '주권자가 분을 일으키거든'이라고 합니다. 윗사람(사회나 가정이나 친분관계에서 모두)의 부당한 분노나 지나친 분노, 때에 맞지 않는 책망이나 꾸지람 등으로 분노하는 경우입니다. 그런데 이런 경우들이 없어야 하는데 우리의 기대와는 달리 많다는 것입니다. 그래서 화가 나고

분노하게 됩니다.

둘째는 "너는 네 자리를 떠나지 말라!" 대부분의 사람들은
화를 참지 못하여, 너무 견디기 힘들어서 자리를 박차고 일어
서서 나가 버리고 싶습니다. 너무나 당연합니다. 그렇게 했다
고 해서 사실 나무랄 수 있는 사람은 많지 않습니다. 그런데
도 전도서는 책망 듣는 자리를 지키라고 합니다. 그 자리를
지키는 것은 바보 같은 일입니다. 빨리 피하는 것이 지혜일 수
있습니다. 그런데도 그 자리를 떠나지 말라고 합니다. 한마디
로 한다면 성질이 난다고 박차고 나가지 말라는 것입니다.

셋째는 "공손함이 큰 허물을 용서받게 하느니라."라고 합
니다. 윗사람의 책망과 분을 내는 자리를 떠나지 않는 것이
공손함의 표시이고, 이런 공손한 사람에게 주는 혜택입니다.
공손하라고 합니다. 어려운 일입니다. 그러나 혜택이 있습니
다. 언젠가는 나의 잘못됨으로 난감한 일들이, 나의 허물로
생길 여러 가지 불이익을 위하여 보험을 들라는 것입니다.

**이런 충돌의 일촉즉발의 순간에 우리 성도들이 해야 할 일들이
무엇일지를 생각해 봅니다**
첫째는 우리의 인격적 태도가 중요합니다. 공손한 마음을

가지라고 합니다. 분을 내는 사람 앞에서 유순해진다는 것이 어디 쉬운 일인가요? 공손함은 곧 유순한 마음인데 유순한 마음은 상대가 분노의 불을 뿜을 때 그 불을 무마하거나 끌 수 있는 물과 같은 것입니다. 분노의 드러냄을 받을 때일수록 차가워지는 물이 되는 연습을 해야 합니다. 마음을 평정시키고, 오히려 차분해지면 충돌을 하지 않을 수 있습니다.

비슷한 표현이지만 낮아지는 연습입니다. 분노의 게이지가 올라갈 때 같이 올라가면 결국은 충돌이 일어납니다. 분노가 오를수록 그 앞에 있는 나의 대응하는 마음의 상태는 내리는 것입니다. 상대의 분노하는 목소리가 허공을 울린다고 느낄 때까지 마음을 내리는 것입니다. **어려운 일이지만 뜨거울 때 차가워지고 올라갈 때 내려가는 지혜입니다.**

전도서는 우리가 분을 일으키게 하는 일들을 당할 때 자리를 박차고 받아치고 싶은 마음을 몰라서 하는 말은 아닐 것입니다. 그렇게 할 것이 분명하기 때문에 하지 말라는 것입니다. 언젠가는 네가 용서받아 할 중요하고 큰일들이 있을 것이기 때문입니다.

둘째는 반항할 정당한 이유를 포기하는 것입니다. 반항하고 대꾸할 거리를 생각하지 않는 것입니다. 꾸중을 듣고 있으면 나도 정당하게 대응할 이유들과 반항할 이유를 생각하게 됩니다. 이런 정당한 대응의 이유들이 많아질수록 결국은 충돌하게 됩니다. 어렵지만 이런 이유들을 일부러 생각하지 말아야 하고, 만들지 말아야 합니다. 이때는 이성을 바보처럼 만들거나 마비시켜도 됩니다.

그 대신 상대방의 분노할 수밖에 없는 환경을 이해하려고 노력해야 합니다. 지금 내가 화가 난 상태에서 다른 사람 그것도 나에게 분을 일으키고 있는 사람의 상황을 이해한다는 것은 매우 어려운 일입니다. 그런데 그것이 충돌을 막아 주는 지혜입니다. 사람들을 겪어 보면 충돌 이후 서로 쌓인 감정을 풀었다고 말하지만, 그것은 사실이 아닐 때가 많습니다. 풀어 버린 것이 아니라 서로의 불이익을 피하고, 부자연스러움을 피하려고 봉합할 뿐일 경우들이 많습니다.

셋째는 눈길의 방향을 바꾸어 사람을 바라보지 않고 하나님을, 예수님을 바라보아야 합니다. 사도행전에서 스데반이 설교를 한 후 거기 모인 사람들이 마음에 찔려서 이를 갈았다고 합니다. 그리고 결국은 스데반을 죽입니다. 그런 상황에서 스데반은 사도행전 7장 55절에서

"스데반이 성령 충만하여 하늘을 우러러 주목하여 하나님의 영광과 및 예수께서 하나님 우편에 서신 것을 보았다."

고 합니다. 그리고 기꺼이 돌에 맞아 죽는 순교의 길을 갔습니다. 만약 자신을 바라보고 이를 갈며, 살기가 등등한 사람들을 보았다면 얼마나 두려웠을 것이며, 오히려 하나님께 살려 달라고 무릎을 꿇었을지 모르는 일입니다.

스데반은 성령께서 함께 계시니 사람을 보는 눈은 감기게 하시고 하나님과 예수님을 바라보는 눈을 뜨게 하시므로 분노의 사람들에게 반항하거나 반대로 무릎을 꿇지 않을 수 있었습니다. 사도 베드로도 바다 위를 걷다가 갑자기 바람 소리와 풍랑을 보고 물에 빠져 버렸습니다. 예수님께서 오라고 하셨는데 그 예수님을 바라보는 대신에 파도를 본 것입니다.

사실 베드로가 정상입니다. 그러나 우리 성도들은 모두 스데반처럼 될 수는 없을지라도 스데반이 되려고 노력해야 합니다. 분노의 얼굴들을 기억하는 대신 하나님의 영광과 인내하신 예수님의 얼굴이 기억나면 좋겠습니다. 많은 성도들이 말씀해 주시는 것처럼 예수님 때문에 참는 것입니다.

네 번째는 분노의 자리는 하나님의 보상이 있는 자리입니다. 사도 베드로는 베드로전서 2장 19절에서

부당하게 고난을 받아도 하나님을 생각함으로 슬픔을 참으면 이는 아름다우나….

라고 합니다. 이 당시는 두 가지의 경우입니다. 성경본문의 해석은 그리스도인들이 핍박을 받을 때이고, 보편적인 응용의 해석을 하면 사환들이 주인을 잘못 만나거나 까다로운 주인 때문에 부당한 어려움을 당하는 것을 말하는데, 지금도 이런 일들은 비일비재합니다.

'이는 아름다우나.'는 말의 뜻은 '이런 것은 감사할 가치가 있다.'는 의미입니다. 하나님을 생각함으로 분과 슬픔을 참으면 이런 것은 감사할 가치가 있다."는 것이고 결국에는 감사할 수밖에 없는 일들이 하나님께로부터 온다는 것입니다.

감사할 가치는 하나님께서 보상으로 주십니다. 누룩이 밀가루 속에서 역할을 하려면 시간이 걸리듯이, 그래서 당장 보상이 주어지지 않지만 결국 누룩은 빵을 크게 만들고 먹음직하게 만드는 것처럼 하나님의 보상은 어김없이 주어집니다.

이 어렵고, 답답하고, 가만히 있어도 나를 화나게 만드는 세상을 살면서 머리를 숙이면 부딪치지 않는다는 머리와 허리 숙임의 겸손함으로 나를 분노케 하는 것들에서 자유하며 살아보기를 권합니다.

예수님 따르기 힘들어요

> 너희가 나를 찾는 것은 표적을 본 까닭이 아니요 떡
> 을 먹고 배부른 까닭이로다. 썩을 양식을 위하여 일
> 하지 말고 영생하도록 있는 양식을 위하여 하라.
>
> 요한복음 6장 36절-7절

우리는 취하여야 할 것과 버려야 할 것 사이에 살고 있습니다

건전한 신앙생활을 잘하려고 하면 급변하는 이 세대에서 혼란스러운 일들이 많습니다. 신앙생활에는 버려야 할 것이 있고 지켜야 할 것이 있는데 무엇을 지키고 버려야 할지 한두 가지 고민스러운 것이 아닙니다. 사도 바울의 말씀처럼 기독교인들은 어느 시대에나 그 시대를 잘 분별하는 영적인 안목의 판단력이 있어야 한다고 합니다. 그리고 시대정신을 본받지 말고... 하나님의 뜻을 생각하라고 합니다.

예수님께서도 새 술은 새 부대라 하셨는데 변화하는 시대에 따라 어떤 변화를 해야 바르고 적합한 것인지 쉬운 일이

아닙니다. 예수님께서는 위정-바른 것을 지킴과 척사-악한 것을 버려야 함을 보여주셨습니다. 예수님은 만민의 기도하는 집인 하나님 아버지의 성전에서 양을 팔고 환전하고 매매하는 무리들의 장사판들이 강도의 굴혈로 만든다고 격노하셨습니다.(마태복음 21장 13절) 사람들은 하나님의 거룩하심도 중요하지만 먹고 사는 일은 더 중요한 것이라는 것입니다. 먹고사는 일에 성전이 도움의 장소가 되어달라는 것입니다.

사람들이 얻고자 하는 것과 예수님께서 주시고자 하는 것이 다릅니다

오병이어의 표적을 보이시자 많은 사람들이 예수님을 찾아왔는데 예수님은 그들이 하늘의 표적은 보지 못하고, 육신의 배를 채워 주심을 바라보고 온 그들을 안타깝게 보셨습니다.

이 세대가 원하는 것들과 하나님의 선하신 뜻 사이에 갈등이 이곳에서도 일어납니다. 예수님은 하나님의 선하신 뜻대로 생명의 떡과 영원히 목이 마르지 않는 물을 주시려 하지만 사람들은 이 세대가 그렇게도 원하고 절실하게 필요했던 육신의 떡과 물을 달라고 하는 것입니다. 예수님이 주시고 싶은 것과 사람들이 받고자 하는 것이 달랐던 것입니다.

예수님은 이 세대의 것을 무시하거나 방관하지 않으셨지

만, 중요한 것은 이것이 예수님께서 이 땅에 오신 목적이 아니었다는 것입니다. 요한복음은 예수님은 참 하나님의 아들로 보내신 것은 하나님의 뜻을 이루기 위함임을 여러 번 강조하고 있습니다.(요한복음 5장 30절과 6장 38절)

예수님께서 행하신 모든 일은 하나님의 선하시고, 기뻐하시고, 온전하신 뜻에 초점이 맞추어져 있었습니다. 땅의 일들을 통하여 하늘의 일들을 바라보기를 원하셨습니다. 그러나 지금이나 예수님 당시 사람들이나 당장 급한 것은 육신의 떡이고 내 손의 물질이었습니다. 예수님은 인간생존에 아무리 중요하고 필요한 것이라 하더라도 하나님의 뜻이 없는 사람들의 욕구를 경계하신 것입니다. 하나님의 것이 세속화되고, 실용화되는 것을 물리치려 하셨습니다.

시대에 따른 적응력은 있어야 하지만 신앙의 본질이 변질되어서는 안 됩니다

변화와 변질은 다릅니다. 예수님께서도 지금 오셨으면 핸드폰을 사용하시겠죠. 이것은 시대가 변화하여 주어진 현상입니다. 그러나 변질은 본질이 달라지고 잃어버린 것입니다. 영적인 것을 육적인 것과 인간 욕망의 도구로 만드는 것은 변질입니다. 예수님 당시 사람들은 하나님의 일은 자신들의 배를 불리는 것이라고 예수님께 요구하고, 현재의 사람들도 많은 사람들이 그렇게 기도하며 요구하고 있습니다.

지금도 이 시대에 너무나 많은 기독교인들의 삶과 환경들 속에서 강도의 굴혈로 만들고 배를 채우려는 열정으로 살아가는 사람들과 교회들의 모습이 있습니다. 이들의 삶을 한마디로 예수님께서 정의하셨습니다. 요한복음 5장 42절에서 말씀하시기를 **'다만 하나님을 사랑하는 것이 너희 속에 없음을 알았노라.'** 이런 모습이 다수의 모습이 될 때 신앙의 본질을 잃지 않으려는 사람들은 견디기 힘들고 영혼은 혼란 속에 빠지게 됩니다. 그런데 성경을 보면 어떤 시대에도 신앙의 본질을 지킨 사람들은 소수였고, 그들은 버림받고 광야와 같은 삶을 살았음을 확인하게 됩니다.

성경과 그 속에 믿음의 사람들을 통하여 정답은 주어졌지만 단지 정답대로 살기도 힘들고, 어려울 뿐입니다. 우리 성도들이 모두가 엘리야처럼 탁월한 신앙인 될 수는 없겠지만 바알에게 무릎 꿇지 않은 이 세대와 그 정신에 굴복당하지 않은 7000명은 될 수 있습니다. 우리가 예수님처럼 되기는 힘들어도 영생의 말씀이 주께 있사오니 우리가 누구에게로 가오리이까! 하는 제자들은 될 수 있습니다.

변화와 변질의 선이 모호해지면서 우리의 변질이 변화로

포장되고 있는 것은 아닌지 우려를 해 봅니다.

잘 참는 것은 잘 참는 것이 아닙니다

그러므로 너희는 하나님의 택하신 거룩하고 사랑하
신 자처럼 긍휼과 자비와 겸손과 온유와 오래 참음
을 옷 입고 누가 뉘게 혐의가 있거든 서로 용납하여
피차 용서하되 주께서 너희를 용서하신 것과 같이
너희도 그리하고 이 모든 것 위에 사랑을 더하라. 이
는 온전하게 매는 띠니라.

골로새서 3장 12절에서 14절

참는 것은 누구에게나 참 어려운 일입니다

참 어려운 일 중의 어려운 일이 있다면 참는 것입니다. 더
욱 참는 것을 어렵게 만드는 것은 이성적으로 나의 감정을
제어하는 시간보다 감정이 더 빠르게 반응하여 나온다는 것
입니다. 언제나 이성적 제어 시간이 감정보다 느리다는 것입
니다.

우리가 잘 아는 모세의 잘 참음에 대하여 성경은 '이 사람
모세는 온유함이 지면의 모든 사람보다 승하더라.'고 했습

니다. 참는데 도사급이라는 말입니다. 그만큼 훈련과 연단의 과정을 거친 사람이라는 것인데 그럼에도불구하고 모세는 백성들의 비난과 아우성에 분노한 나머지 하나님의 영광을 드러내지 않고 자신이 반석에서 물이 나오는 것처럼 행동했다고 민수기 12장에 기록하고 있습니다. 그 결과 누구보다도 가나안 땅에 먼저 들어가야 할 모세였지만 가나안땅에 들어가는 은혜를 받지 못하고 말았습니다.

참고, 인내하는 것은 온 세상에서 가장 잘 참는다는 모세도 실패한 관문이라면 우리는 얼마나 어려운 일이겠습니까?

베드로는 몇 번이라는 〈횟수〉를, 예수님은 끝까지라는 〈시간〉을 강조하셨습니다

베드로는 예수님께 용서의 문제를 가지고 질문을 했습니다. 마태복음 18장 21절을 보면

> 베드로가 나아와 이르되, 주여, 형제가 내게 죄를 범하면 몇 번이나 용서하여 주리이까? 일곱 번까지 하오리이까?

라고 합니다. 베드로는 '타인이 나에게 잘못한 것의 일곱 번만 참고 용서한다면 이것은 매우 잘 참는 것이 아니냐!'는

자세입니다. 이 일곱 번을 꼭 완전수의 의미를 입힐 수는 없지만 억지로 의미를 입힌다면 사람이 참을 수 있는 완전한 숫자라고도 할 수 있습니다.

사실 일곱 번이라도 참을 수 있는 사람이 얼마나 되겠습니까? 베드로는 왜 횟수를 말했을까요! 그만큼 사람은 무한히 참고 용서할 수 없다는 전제가 깔린 것입니다. 즉 일곱 번만 참고 용서해 주어도 이건 사람이 할 수 있는 최대의 것이라는 것이 그 전제입니다. 마태복음 18장 22절에서 예수님의 답변을 보면

예수께서 이르시되 네게 이르노니 일곱 번뿐 아니라
일곱 번을 일흔 번까지라도 할지니라.

고 하셨습니다. 일곱 번의 일흔 번은 사백구십 번이란 말인데 사람이 이와 같이 참을 수 없다면 이는 횟수의 의미보다는 완전한 용서이고 길이 참으라는 말씀의 의미입니다. 예수님에게 중요한 것은 **횟수가 아니고** 끝까지라는 **시간이** 중요했습니다.

그런데 예수님의 말씀을 보면 또 재미난 부분이 있습니다. 마태복음 18장 15절에서 17절의 말씀은 나에게

**죄를 범하면 권면을 할 것이요 그래도 너와 교회의
권면을 듣지 않으면 이방인과 세리와 같이 여겨라.**

고 하셨습니다. 즉 계속해서 반성과 회개 없이 잘못을 저지르거나, 용서를 받아야 할 행동을 하거든 용서를 하되 사람 취급을 하지 말라고 하신 것입니다. 예수님은 이 말씀 속에서 나에게 잘못했다고, 복수를 하지 말라는 것이고, 분노를 드러내지 말라고 하신 것입니다. 그러나 인간의 한계를 아신 예수님은 동시에 인간 취급 하지 않는 것으로 참음의 마음을 대신하라는 것입니다.

끝까지 참는 것은 많은 유익이 있습니다

사람이 생각하는 일곱 번의 참음은 잘하는 것입니다. 잘하는 것이지만 바람직한 것은 아닙니다. 잘 참는다고 일곱 번에서 끝이 나는 참음은 진정한 의미에서 잘 참는 것이 아니라는 것입니다.

어떤 분이 일을 하는데 있어서 약간의 어려움과 시간에 촉박한 것이 있었습니다. 주위 사람들을 위하여 혼자서 일을 해결하느라고 많은 수고를 했습니다. 그래서 주위 사람들도 자신들을 위하여 수고해 줌을 감사하게 생각하고 고맙다는 문자를 넣어 드렸습니다. 일이 거의 다 되어 갈 무렵에 일을 하시는 분이 무엇인가 자신의 계획에 맞지 않자 불편한 마음을 아주 강하게 드러내고 말았습니다. 마치 나는 이 고생을 하는데 당신들은 도대체 뭐냐는 식이었습니다.

이때 주변의 사람들이 두 가지를 잃어버렸습니다. 첫째는 자신들을 위하여 수고해 주는 아름다운 모습을 잃어버렸고, 두 번째는 감사의 마음을 잃어버렸습니다. 끝까지 참고 수고를 해 주었다면 하는 아쉬움이 많이 남습니다.

이분은 일이 많고 힘들 때에도 다른 사람을 위하여 참고 했는데, 그때 이분은 '내가 몇 번이나 참았는데...... 이만큼 참은 것만 해도 잘 참은 것'이라고 생각했지만, 끝까지 참지는 못했습니다. 서로가 서로에게 실망만 가득하고 말았습니다. 그러므로 몇 번 참는 것이 잘 참는 것이 아니라 끝까지 참는 것이 잘 참는 것입니다. 참 어려운 일입니다. 그러나 이분이 끝까지 참았더라면 그 열매로 참 많은 사랑을 받고 귀하게 여김을 받았을 것입니다.

거의 다 되었을 때 참음의 한계가 옵니다

많은 일들을 살펴본 결과 어떤 일들이 80-90% 정도 완성되어 갈 때가 가장 참기 어려운 고비의 시점이라 는 것을 느

겼습니다. 일의 초기에는 시작하는 긴장감으로 견딥니다. 중반기에는 성취될 것에 대한 기대로 참을 수 있습니다. 그래서 이런저런 불편한 것도 참고 견딥니다. 그런데 일이 80-90% 정도 되어 갈 때면 지치고, 일을 하면서 사람들 사이에서 마찰과 오해도 생기고, 일이 서로 타이밍이 안 맞을 수 있고, 중간에 사람이 빠져나갈 수도 있고....... 등등 사람들 사이에 불편한 마음이 강하게 생깁니다. 이 80-90%의 팽팽한 긴장을 이기기만 하면 나머지는 쉽게 완성으로 향하여 달려가게 됩니다. 참을 수 없는 시간들이 찾아온 것은 일이 거의 다 완성되었다는 증거이기도 합니다. 그때 끝까지 참을 수 있는 길과 마음을 찾아야 한다고 봅니다.

진정으로 잘 참는 것은 끝까지 참는 것입니다

야고보가 한 말씀으로 야고보서 5장 7절과 8절을 봅니다.

그러므로 형제들아 주께서 강림하시기까지 길이 참으라, 보라. 농부가 땅에서 나는 귀한 열매를 바라고 길이 참아 이른 비와 늦은 비를 기다리나니, 너희도 길이 참고 마음을 굳건하게 하라. 주의 강림이 가까우니라.

이 짧은 두절 말씀 가운데 **'길이 참으라!'**는 말이 세 번이나 반복되는 것은 그만큼 중요하고 큰일이기 때문입니다. 언제까지 길이 참아야 하는가요? 예수님의 강림하실 때까지라고 합니다. 물론 이 참음은 예수님의 재림에 대한 것이지만 우리의 일상적인 참음에 대하여서도 여전히 적용되는 말씀입니다. 예수님이 재림하시면 세상의 마지막입니다. 그러니까 세상 끝날 때까지 참으라는 것입니다.

더 나아가서 야고보는 "형제들아, 주의 이름으로 말한 선지자들을... 오래 참음의 본으로 삼으라!"라고도 합니다. 참음은 본받고 배우고 훈련되어야 하는 것입니다.

우리 성도들이 예수님도 아닌데 어떻게 가능할까요? 길이 참는다는 말은 분노할 수밖에 없는 상황을 전제로 하는 헬라어입니다. 어렵게도 화가 난 상태야말로 우리에게 인내가 필요한 때라고 하는 것입니다.

그런데 화가 머리끝까지 치밀어 오르는 상황에서 우리가 어떻게 인내할 수 있습니까? 언제나 성공할 수는 없지만 그래도 참음의 열매를 바라보라는 것입니다. 이것은 화가 났을 그 순간이 되어서야 비로소 생각하는 것은 참음을 불가능하게 합니다. 평소에 생각을 해두어서 뇌리에 새겨두어야 합니다. 참는다고 고생했지! 오늘 참 잘했다고 하시면서 나를 향하여 미소를 짓는 그 예수님의 얼굴을, 참음에 승리한 사람에게만 주시는 그 승리의 웃음을 평소에 마음과 뇌리에 새겨놓아야 합니다. 바로 농부가 참음으로 마지막에는 큰 수확을 하는 것처럼 참음에는 노고도 있지만 열매도 있다는 것입니다. 그 수확을 꿈꿀 수 있는 사람이 끝까지 참는 사람이라는 의미이기도 합니다.

어떻게 끝까지 참는 것이 가능한가요? 사람으로서는 가능성이 없다고 봅니다. 믿음으로 성령님을 의지하여 노력할 뿐입니다.

바울이 말씀하신 골로새서 3장 12절을 보면

그러므로 너희는 하나님이 택하사 거룩하고 사랑받는 자처럼 긍휼과 자비와 겸손과 온유와 오래 참음을 옷 입으라고 합니다.

하나님의 택하신 거룩한 사람이 해야 하는 것이 오래 참음이라고 합니다, 그런데 이것을 옷 입으라고 했는데 이 말은 두르라는 말입니다. 오래 참음으로 나를 감싸라는 말입니다.

그런데 이 말씀에는 오래 참음에 대한 해답도 있습니다. 바로 긍휼, 자비, 겸손, 온유입니다. 이 성품은 예수님의 특징인 성품인데 이 성품을 가지신 예수님이야말로 자신을 죽이는 사람에게도 대응하지 않고 참음으로써 승리하신 분입니다. 이 네 가지 성품이 분노하는 나를 안정시키고, 더 이상 참을 수 없어 분노로 맞대응하는 마음을 삭이는 역할을 합니다.

믿음 생활을 경험삼아 더욱 간단한 개념을 첨가한다면 바로 손해라고 봅니다. 물질적인 손해만 중요한 것이 아님을 깨닫게 됩니다. **마음과 자존심에서도 손해 보는 마음**을 가지면 참는 일이 조금은 더 쉬울 것이라고 생각합니다. 예수님은 늘 이렇게 손해보시고 사셨습니다. 그러면 참되 끝까지 참는 것도 조금 더 가능성이 있어 보입니다.

성질날 때마다 마음속으로 외쳐 봅니다. 아 오늘도 손해 보는 날이네!

네 아버지와 어머니를 공경하라

**네 아버지와 어머니를 공경하라 이것이 약속 있는
첫 계명이니……**

에베소서 6장 2절

세상적인 관점에서도 부모와 자녀들과의 관계는 운명 중
의 운명이라 생각합니다. 갈수록 순기능 가정보다는 역기능
가정들이 많아지고, 심리적 고아와 소외되는 부모님들도 많
아지고 있습니다. 가정을 이루는 구성원들과 형태도 다양해
져서 전형적인 분류로 가정을 정의하기도 어려워졌습니다.

부모공경은 온 세상의 인륜이어서 지극히 당연한 것이지
만 현대사회는 생각할 수 없는 복잡하고, 얽히고설켜 있는
관계가 또 부모, 자녀와 관계가 되어 버렸습니다.

상처가 많은 부모와 자녀 사이가 많습니다

그중에서도 가장 보편적인 부모와 자녀들과의 문제는 상

처의 문제로 부모에 대한 부정적인 이미지가 자녀들에게 강하게 자리 잡고 있는 것입니다.

잘 알려져 있는 미국의 어느 가정의 이야기입니다. 한 가정에 아버지가 아내와 자녀들을 두고 다른 여자와 새 가정을 이루어서 미국의 다른 지역으로 옮겨가서 살게 되었습니다. 무책임한 아버지 없는 이 가정은 생존의 문제를 해결하느라 너무 고달프고 눈물 나는 생활을 감당해야만 했습니다. 그러다가 세월이 흘렀는데 먼 곳에 있는 아버지가 죽으면서 내 장례는 전 부인과 자녀들이 치러 주기를 소원하는 유언장을 쓰고 죽었다고 합니다.

가족들은 울분을 터트리고, 이해할 수 없는 전 아버지의 행동을 맹렬하게 비난했습니다. 물론 장례를 치르는 것은 반대했습니다. 그런 와중에 큰아들이 "성경은 부모를 공경하라고 했지, 어떤 부모만 공경하라고 하지 않았다고 했다."라면서 가족들을 설득하여 아버지의 장례를 치렀다는 이야기입니다.

어떤 부모란 존경할 만하고, 감사할 만하고, 모범이 되고, 가정을 잘 지켜 준 부모를 말합니다. 이런 모범적인 부모만 부모로 공경하라는 말이 아니다! 는 것이죠. 실망스럽고, 가슴 아프게 한 부모도 부모라는 말입니다. 원하는 것은 아니지만 부모와 자녀들 사이에 상처의 문제는 풀기에 어려운 일이라 여겨집니다. 때로는 평생의 상처와 아픔이 부모와 자녀 사이에서 많이 생기지 않습니까?

부모와 자녀의 관계는 선택이 불가한 일입니다

부모와 자녀는 서로 조건에 맞는 선택을 할 수 없다는 것은 행운이기도 하고 불행이기도 합니다. 이 세상의 어떤 자녀들도 부모를 선택하여 출생할 수가 없고, 어떤 부모도 자녀를 선택하여 출산할 수 없습니다. 부모와 자녀는 불가항력적으로 주어진 조건에 의하여 서로 한 가족이라는 이름 아래에서 살아가는 관계입니다.

부모는 자녀가 기대에 맞지 않고, 기질과 성향과 재능이 부모의 기대에 부응하건 하지 않건 관계없이 양육합니다. 때로는 고민하고 괴로워하면서도 합니다. 같은 원리로 자녀들도 부모를 조건에 맞게 선택할 수 없으며 기쁨으로, 때로는 갈등하며 살아야 하고 그러면서도 그 부모와 함께 그 부모 아래에서 살아야 합니다.

아마추어 부모와 아마추어 자녀로 살아갑니다

부모라고 해서 양육의 과정을 마스터하고 부모가 되는 것이 아닙니다. 마치 이제 결혼하는 남자가 남편의 도리와 아빠가 되는 방법을 다 배우고 결혼하는 것이 아니고, 여자도 아내와 엄마가 되는 것이 무엇인지 다 배우고 결혼하는 것이 아닌 것처럼....

어쩌다 사랑하고 눈 맞아 결혼하고 보니 남편이 되고 아내가 된 것이고, 같이 살다가 자녀를 얻게 되었고, 당황하고 멋모르는 상태에서 자녀들을 키우고, 그러다가 보면 시행착오와 실수가 일어날 수밖에 없습니다. 가능한 적게 실수하고 적게 시행착오를 겪는 것을 배우고 익힐 뿐입니다. 이것은 지금 자녀도 앞으로 부모가 되는 과정에서 똑같이 일어나는 반복적인 현상입니다.

자녀들도 자녀 됨의 도리와 자세를 모두 배우며, 몸에 익히고 난 후에 자녀로 태어나는 것이 아닙니다. 부모를 충분히 만족시킬 자녀도 없고, 자녀들을 충분히 만족시킬 만큼 충분히 좋은 부모도 없습니다. 간혹 있을 수 있겠지만 결코 흔하게 볼 수 있는 것은 아닙니다. **부모들이건, 자녀들이건 서로 아마추어로 역할을 하며 살아가는 것뿐입니다.**

자녀들에게 주시는 특별하면서도 불공평한 은혜가 있습니다

그런데 에베소서 6장 1절에서 3절 말씀을 보면서 놀라우면서도 불공평한 부분이 있음을 발견하게 되었습니다. 거기는 부모들의 희생적인 사랑에도 불구하고 부모님들의 희생에 대한 상은 없지만 공경하는 자녀들에 대한 상은 있다는 점입니다. **그 상이란 '네가 잘되고 땅에서 장수하는' 것입니다.** 부모님들이 자녀들에게 그렇게 간절히 바라던 것 바로 그 것입니다.

부모의 소원이 무엇일까요? 자녀들이 하는 일이 잘되고, 건강하며, 덜 고생하고 기쁨을 누리면서 오랫동안 잘 사는 것이 아닐까요? 부모를 공경하는 자녀들에게 부모의 소원을 하나님께서 이루어 주신다는 약속입니다. 그렇다면 부모 공경은 세속적인 이해타산으로 볼 때도 밑질 것이 없는 최고의 장사입니다.

하나님께서 복의 길까지 열어 놓으신 부모님을 공경하며 살아보면 어떻겠습니까!

Yes Man으로 살기
/하나님의 음성 듣기에 실패한 사람들

하나님의 아들 예수 그리스도는 "예." 하고 "아니라." 함이 되지 아니하셨으니 그에게는 "예."만 되었느니라.

고린도후서 1장 19절

우리는 편리가 생활의 가치 기준이 되는 시대에 살고 있습니다

홍수처럼 쏟아지는 정보 속에서 손해 보지 않고, 잘못되지 않는 올바른 판단을 하며 살아가는 일은 힘들고 우리들을 지치게 합니다. 그러면 사람들은 듣고 싶은 것만 듣고 보고 싶은 것만 보면서 부담이 없는 삶을 살고 싶어합니다. 결국 우리는 마음에 무거운 짐을 지게 하는 것이나 생각을 짓눌러 무겁게 하는 부담을 주는 일들은 "No." 하게 되고 그렇지 않은 것에는 "Yes." 하며 살게 됩니다. 그렇게 하다 보면 우리의 "Yes"와 "No."의 기준에 하나님의 뜻은 자리 잡지 못하고, 부담 없이 편한 것이 우리의 기준이 되고 맙니다. 더 나아가 이렇게 살아도 크게 문제가 없으니 더욱 하나님 없는 결정을 하게 됩니다.

사도 바울은 두 번 고린도 교회를 방문할 예정이었으나 두 번째 방문을 해야 할 시기에 성령께서 마케도니아로 가라는 지시하심을 받고 결국은 고린도교회 방문이 이루어지지 않았습니다. 바울에 대하여 일부 비판적인 성도들이 바울이 인간적인 그 어떤 것 때문에 계획을 바꾼 것이라고 하며 부정적인 모습을 보였습니다. 그때 바울은 예수 그리스도의 복음의 일 때문에 계획이 바뀌어도 그렇게 하신 하나님의 뜻에 "예."하고 순종할 뿐이라고 합니다. 예수님의 뜻과 그 결과는 언제나 신실하고 선한 것이기 때문입니다.

문제는 우리들이 "예."를 해야 할 때 "아니오."라고 하고 "아니오."라고 해야 할 때에 "예."라 할 때가 많다는 것입니다. 예수님의 음성, 하나님의 음성을 듣는 것에 실패할 때가 많다는 것이지요.

우리는 하나님의 음성을 듣는 일에 실패하는 것을 기도와 영적인 일에만 원인들 두는 경향이 있습니다

우리들이 하나님의 음성 듣는 일에 실패하는 경우를 주로 기도의 부족과 영적인 순수성을 잃어버릴 때라고 강조합니다. 맞는 말이지만 인간적인 요소들이 중간에 너무 쉽게 개입을 해서 우리로 하여금 하나님의 음성 듣는 것을 방해한다는 사실을 성경에서 보게 됩니다.

하나님 음성을 듣는 일에 끼어드는 인간적인 요소들이 있습니다

첫째는 우리는 하나님보다는 내가 좋아하는 사람들의 말에 "Yes." 하면서 하나님 음성을 듣는 일에는 "No" 합니다.

아합왕은 나봇의 포도원을 가지고자 했으나 방법이 없었는데 그 아내 이세벨이 방법을 알려 줍니다. 그 결과 하나님의 법으로서는 해서는 안 될 포도원의 주인 나봇을 거짓 증인을 내세워서 죽이고 그 포도원을 빼앗아 버렸습니다. 아합왕은 사랑하는 아내의 말에는 "Yes."하고 하나님의 법에는 "No." 합니다.

내 주위에 둘러싸고 있는 사랑하는 자녀들, 남편, 아내, 부모님들의 목소리는 너무나 가까이 있어 크고 중요하게 들리지만, 하나님의 음성은 그 목소리들에 가려서 듣지 못할 때가 많습니다.

둘째로 나에게 가까운 친구들의 말이 옳다고 생각하고 우선적으로 "Yes." 하며 삽니다. 르호보암은 유다 백성들이 아버지 솔로몬이 지워 준 노역을 줄여 달라고 간청하자 어른들이 아닌 동년배 친구들의 말을 듣고 반대로 더욱 노역을 무겁게 합니다. 가까운 친구들의 말과 생각은 자신을 위해서, 자신을 좋게 할 것이라는 생각을 하기 때문입니다. 자기에게 불리한 말과 불이익이 되는 말을 하지 않을 것이라는 생각에 친구들의 말에는 "Yes."를 백성들을 사랑하시는 하나님의 뜻에는 "No." 했습니다. 나라는 결국 남 유다와 북이스라엘로 나뉘고 말았습니다. 르호보암이 하나님의 음성을 듣기에는 자신의 마음이 친구들에게 너무 가까이 있었습니다.

셋째로 우리는 하나님의 요구보다는 나의 욕망에 우선적으로 "Yes." 하며 삽니다. 사울 왕은 사무엘의 말에 따라 아말렉과 전쟁에서 살아 있는 것을 모두 죽여야 하는데 건강하고 살찐 양과 소를 보자 "이건 죽이지 말아야겠다. 아주 유용하게 쓰일 것들이다."라고 결심을 하면서 하나님께는 "No." 하고 자신의 욕망에는 "Yes."를 했습니다. 욕심이 잉태하여 죄를 짓는 모습을 보여주었습니다. 자신의 욕망을 앞세운 사울 왕은 폐위당하고 말았습니다.

넷째로 우리는 하나님보다는 사회적 여론에 우선적으로 "Yes." 하며 삽니다. 바울이 빌립보에서 전도할 때 귀신 들려

점치는 여자가 바울에 의해 온전한 정신이 되자 더 이상 점을 칠 수가 없게 되었습니다. 그리고 점을 칠 수 없자 이 여자의 주인은 돈벌이가 끊어지게 되었습니다. 분노한 주인은 바울과 실라를 잡아 장터로 끌고 가서 이상한 풍속을 전한다고 선동질을 하자 대중들은 합세하여 두 사람을 심히 때리고 감옥에 넣어 버렸습니다.

이들에게 하나님의 것은 전혀 생각할 바가 아니고 그 대신 분노를 드러낼 대중들이 필요했습니다. 대세를 몰고 갈 선동과 대세를 행동에 옮길 대중들이 더욱 필요했던 것입니다. Mass Media의 악영향 아래 즉 대중들의 선동에는 "Yes." 하나님의 뜻에는 "No." 했죠. 그들은 하나님의 일을 방해하는 방해꾼의 역할을 하게 되었습니다. 우리들도 함부로, 너무 쉽게 대중들의mass 말과 의견들에 끌려다니지 말아야 하겠습니다. 특히 대세임을 앞세울 때 우리들도 하나님께서도 이 대세에 찬성하실 거라는 우매함이 없어야 하겠습니다.

다윗은 언제나 하나님께 Yes 하며 살았습니다

하나님께 "Yes."하는 사람은 다릅니다. 다윗은

내가 여호와를 항상 내 앞에 모심이여 그가 나의 오른쪽에 계시므로 내가 흔들리지 아니하리로다.

다윗은 '항상' 내 앞에 모신다고 했습니다. '항상'이라 하면 중요한 일이나, 작은 일이나 언제나 결정할 일이 생길 때마다 하나님을 모시고 즉 그 앞에서 여쭈어 보고 살았고 그 결과 흔들림이 없는 삶을 살았다는 것입니다. 계속 다윗은 시편 25편 12절에서 말하기를

여호와를 경외하는 자 누구냐 그가 택할 길을
그에게 가르치시리로다.

시편 123편 2절에서는

상전의 손을 바라보는 종들의 눈같이,
여주인의 손을 바라보는 여종의 눈같이
우리의 눈이 여호와 우리 하나님을
바라보며 우리에게 은혜 베풀어 주시기를
기다리나이다.

고 고백하며 하나님을 경외하고 바라보고 또 바라보며 하나님 음성 듣기를 소망했습니다. 지금 우리는 하나님의 음성

을 건전한 성경읽기와 공부, 기도와 말씀 듣기를 통하여 하나님께서 어떤 형태로든지 알려 주시는 음성을 들을 수 있습니다. 하나님은 자주 우리의 기도에 응답 하시지만 우리는 우리가 바라는 대로 응답해 주시지 않는다고 하나님의 응답을 지나쳐 버릴 때가 많습니다.

우리는 하나님과 블라인드 데이트를 하는 것이 아닙니다. 멋모르고 기도하다 보니 하나님의 음성을 듣는 것이 아닙니다. 하나님을 바라보기에 집중하게 되면 하나님과 사람 사이의 가림막이 없어집니다. 하나님의 음성을 들으려고 사람의 목소리를 제거하고 나면 믿음의 사람은 가는 길이 험하여도 하나님의 구원하심이 있고, 길을 잃어버릴 때도 그 끝에는 하나님의 손짓하심이 있습니다. 때로는 사람으로부터의 단절과 고독은 하나님의 음성 듣기에 좋은 환경이 됩니다.

예수님은 기도의 골방으로 들어가라고 하셨습니다. 마태복음 6장 6절에서 말씀하셨습니다.

너는 기도 할 때에 네 골방에 들어가 문을 닫고 은밀한 중에 계신 네 아버지께 기도하라.

은밀한 중에 기도는 응답과 하나님의 음성을 듣는 이중적인 의미가 있습니다. 은밀한 중에 기도함으로 세미하고 개인적인 하나님의 목소리를 들을 수 있습니다.

시대정신에 빠져들지 말아야 합니다

사도 바울은 로마서 12장 2절에서 말씀하기를

너희는 이 세대를 본받지 말고 오직 마음을 새롭게 함으로 변화를 받아 하나님의 선하시고 기뻐하시고 온전하신 뜻이 무엇인지 분별하도록 하라.

로마서 12장 2절

고 하셨습니다. 이 세대의 생각에는 하나님 없는 사랑하는 사람들의 목소리, 친구들과 지인들의 목소리, 내 속에 있는 욕망의 목소리, 대중들의 목소리가 있습니다.

이것들을 걸러내는 필터가 있어야 합니다. 이 세대를 비판적으로 볼 수 있는 안목이 있어야 하고, 이 세대의 목소리가 아닌 하나님의 선하시고 기뻐하시고 온전하신 뜻을 듣는 목소리를 들으려 하는 신앙의 몸부림이 있을 때 비로소 하나님의 목소리를 듣고 살 수 있습니다.

예수님은 모사(이사야 9장 6절)이신데 지혜로 막힘이 없으시고 완전하시고 우리의 카운슬러가 되시므로 그에게 "Yes." 하며 살 때에 오히려 형통이 있습니다. 셀 수 없이 많은 정보들과 언어의 바다 속에서 길을 잃지 않고 살기 위하여 영적인 모국어인 하나님의 음성에 "Yes."라고 하면서 귀가 열리고, 가슴이 반응하며, 삶으로 증명이 되는 하나님의 "Yes Man"으로 살아야 하겠습니다.

가까이 있는 사람들의 소음으로 하나님의 음성을 듣지 못하는 삶이 되지 않기를 소망합니다.

은혜의 향기
/주일성수에 대하여 생각합니다

**내가 여호와께 바라는 한 가지 일 그것을 구하리니
곧 내가 내 평생에 여호와의 집에 살면서 여호와의
아름다움을 바라보며 그의 성전에서 사모하는 그것
이라.**

시편 27:4

값비싼 밀크 로션을 얼굴에 발랐더니 하루 종일 그 향기가
얼굴과 몸에서 떠나지 않았습니다. 우리 성도들이 주일예배
를 드림으로 받은 은혜와 영적인 채움이 있었을 텐데 그 은
혜의 향기가 주일 하루라도 종일 유지하기가 갈수록 어려운
것 같습니다.

율법주의적 강조가 사라져 버린 주일의 시대가 되었습니다

이 시대는 율법주의적 주일성수를 배격하고 자유로운 주
일을 보내는 것이 지배적으로 되었습니다. 주일예배 후 시간
을 자유롭게 사용하고 예배를 드리고 난 후의 시간이 예배의

의무를 모두 했으니 나머지 시간을 나의 뜻대로 인간적인 활동과 마음으로 채울 때가 많습니다. 그러다 보면 영적인 자세도 자유롭게 방임할 때가 많아지게 됩니다.

주일이 다 지나가기 전에 나의 마음에 남은 것은 무엇인가요? 예배의 은혜? 말씀의 은혜? 아니면 주일 활동의 잔상들? 성도들이 했던 말과 행동들? 만약 예배 후의 자유로운 활동의 잔상들이나 성도들의 말과 행동이 마음에 자리 잡고 있다면 주일에 주시는 은혜가 날아가 버린 것입니다.

주일을 거룩하게 지키는 것이 개인의 자유에 지나치게 치중되어 주일성수를 통해 받는 은혜와 영적인 효력 상실을 할 때가 많습니다. 어떤 분들은 주일에 예배 한번 보면(?) 주일이 끝인 성도들도 있고, 어떤 분들은 지나치게 교회의 일을 하므로 주일이 노동의 날인 분들이 있습니다.

우리 성도들의 주일성수를 위한 영적인 노력의 부재와 주일마저도 예배 보고 난 후는 모두 자유라는 신앙의 태도에 주일성수가 밀려나지 않아야 합니다. 마태 5장 20절에서 예수님께서도

"내가 너희에게 이르노니 너희 의가 서기관과 바리

새인보다 더 낫지 못하면 결코 천국에 들어가지 못
하리라."

고 하셨는데 이스라엘 백성들의 안식일 준수에 수도사급
의 열정과 엄격함으로 율법을 지키려는 노력을 따르는 것은
아닐지라도 그것을 생각은 해야 합니다.

**주일을 거룩하게 지켜야 할 성경적 근거가 없다는 분들이 있습
니다**

구약과 신약 사이에서 동일한 하나님 아래 다른 신앙적,
역사적 배경으로 많은 의문과 이의가 제기되고 그것은 아직
도 신학적 논란이 되고 있습니다. 가장 중요한 것은 구약과
신약이 공통점과 다른 점이 있는데 신약성도들의 관점에서
구약을 어떻게 받아들이며, 어느 정도까지 받아들여야 하는
문제입니다. 구약은 율법과 이스라엘 백성이라는 울타리를
신약은 예수 그리스도의 구원을 시발점으로 모든 민족을 하
나님의 백성 삼으려는 전 세계를 향한 포괄적 관점에서 오는
차이입니다.

많은 논란 가운데서 중요한 관점은 구약과 신약 사이의
연속성과 불연속성의 문제입니다. 구약과 신약 사이에는 연

결된 신앙과 신학 사상이 있고 이것을 연속성이라 하고, 동시에 율법을 중심으로 한 이스라엘 백성들에게만 주어졌던 것은 이어받을 필요가 없다는 불연속성이라는 이 두 가지가 있습니다.

구약과 신약이 하나님께서 구원하시는 역사임에는 틀림이 없지만 적용의 범위와 민족들은 다르다는 점입니다.

주일성수가 그 가운데 한 가지입니다. 주일성수를 반대하는 분들은 주일은 성경에 없는 개념이라는 것입니다. 주일은 안식일이 아니고, 예수님의 부활하신 날인데, 이날에 매주 모두 모여 예배드리라는 말씀이 구약에도 신약에도 예수님의 말씀에도 없고 교회가 만들어 낸 전통이라는 것입니다. 굳이 예배를 드린다면 부활하신 날 일 년에 한 번 부활을 기념하면서 모이면 된다는 것입니다.

태양에 바쳐진 날을 예수님께 바쳐진 날로 바꾸었습니다.

일요일과 주일이 공교롭게도 겹치게 되었습니다. 로마는 태양력을 사용하고, 태양신과 태양신의 아들 황제에게 제사하거나 칭송하는 행사가 일요일에 이루어졌습니다. 그것을 위하여 공휴일 즉 우리가 말하는 빨간날이 되었습니다.

태양신을 섬기고 기념하는 날인 일요일은 로마의 콘스탄티누스 황제가 321년에 도시의 행정관들과 시민들 모두 휴식하고 작업장의 문을 닫으라고 하여 이날은 휴식하는 날이 되었습니다. 어떤 분은 콘스탄티누스가 하나님의 6일간 창조와 7일째 쉬는 날을 받아들인 결과라고 하기도 합니다.

기독교가 로마에서 신앙적, 정신적으로, 문화적으로 기독교의 일치성을 확보해 나가는 과정에서 딱 맞아떨어진 것이 일요일과 안식 후 첫날의 일치였습니다. 그리고 태양신의 날인 일요일이 예수님께서 우리의 주인 되심을 고백하는 주일 Lord's Day로 바뀌게 되었습니다. **놀랍고 감사한 일입니다.**

이것이 중요함은 기독교인들 모두가 예배드릴 수 있는 시간이 공식적으로 만들어졌다는 점입니다. 매주 일요일이면서 동시에 매주 주님의 날이 되어 매주 쉬면서 주일 예배드릴 수 있으니 얼마나 놀라운 일이 생긴 것인가요!

일요일이란 말은 '태양에게 바쳐진 날'이란 말입니다.. 그렇다면 우리 성도들의 신앙에서 주일이란 말은 매일, 매주, 매월, 매년이 주님의 날이고 주인을 위한 날이란 의미입니다. 주일성수라는 개념에서 주님의 날은 나를 위한 날이 아니라 주님을 위한 날이 됩니다.

사실 태양에게 바쳐진 날이 예수님에게 바쳐진 날로 변경된 것만 해도 놀라운 일입니다. 그렇다면 이 놀라운 일을 굳이 없애야 할 이유는 없다고 봅니다.

"안식일이냐? 주일이냐?"의 문제인가요?

안식일을 주일로 바꾼 것은 유대교가 아닌 기독교입니다. 정통적인 기독교는 예수님께서 하나님 되심과 그가 아들로서 이 땅 위의 사역을 완성하셨음을 믿습니다, 그런데 구약의 핵심은 메시아 기대 즉 메시아 대망 사상입니다. 기독교는 그 메시아가 바로 예수 그리스도임을 알고, 시인하고, 믿는 것입니다.

그 예수님께서 하신 일 가운데 중요한 것은 율법을 완성시키신 것입니다. 마가복음 2장 28절 말씀에서 **인자는 안식일에도 주인이니라.** 고 하셨는데 안식일에 대한 권한이 모두 예수님께 있다는 선포입니다. 더 나아가서 예수님은 안식일을 위하여 모든 희생과 계율을 지키는 유대인들에게 충격적인 말씀을 하셨는데 마가복음 2장 27절에서 말씀하시기를

안식일이 사람을 위하여 있는 것이요 사람이 안식일

을 위하여 있는 것이 아니니…….

라는 말씀입니다. 이 말씀을 해석하는 것이 조심스럽기는 합니다만 사람을 위하여 있는 안식일이라면 성도들이 가장 예배 잘 드릴 수 있는 날로써 로마 제국의 휴식하는 날 일요일을 주님의 날로 바꾸어 예배할 수 있는 날이라고 생각한다면 잘못된 해석은 아닌 것 같습니다.

신앙 강화와 유지와 성장을 위하여, 사람을 위하여, 안식일을 지키는 것이 잘못된 일이 아니라면. 신앙의 강화와 유지와 성장을 위하여, 사람을 위하여, 주일을 예배하는 날로 지키는 것도 잘못된 일이 아닙니다. 오히려 우리가 염려해야 할 것은 매 주일이 반복되다가 매너리즘에 빠지거나 제도적인 의식으로 전락하는 것입니다.

"안식일이냐? 주일이냐?"의 문제보다 더 중요한 것은
안식일이 율법이라면 안식일을 예수님께서 부활하신 주님의 날로 대신하는 것으로 율법을 완성하셨다는 점입니다.
안식일이 유대인들의 예배라면 주님의 날인 주일은 누구든지 주를 믿으면 구원받는 온 세상 사람들을 위한 예배의 날입니다. 그러므로 율법의 완성으로 볼 수 있습니다. 안식일과 주일은 차단된 불연속성의 어떤 날이 아니라 구약과 신약의 연속성을 가진 거룩한 날로 인정해야 할 것입니다.

그러므로 우리가 주일에 어떻게 살아야 할까요?

주일을 안식일의 완성으로 본다면 안식일을 거룩하게 지키라는 말씀에 근거하여 안식일의 완성인 주님의 날도 거룩하게 지켜 주일을 성수聖守 해야 합니다.

좀 더 보수적인 청교도는 주일을 영혼의 장날market day of soul이라고 부르며 거룩하고 복된 날로 지켰습니다. 주일은 성도들의 영혼을 위해 영적인 거래를 이루는 시간이라고 보았기 때문입니다. 그들은 말하기를 평일에 짚을 주울 수 있다면 주일에는 진주를 얻는다고 했습니다.

주일은 두 가지 측면 즉 우리가 율법의 정의라고 하는 하나님을 사랑하고 사람을 사랑하라는 예수님의 원리를 기준 삼아야 합니다. 주일은 하나님과의 관계에서 예배하고 경건한 시간을 보내며, 사람들과의 관계에서 거룩한 교제와 섬김을 하라는 것입니다. 이 교제에서 건강한 성도들과의 교제뿐 아니라 병약하고, 도움이 필요하고, 위로가 필요한 사람들을 섬기는 일들이 있습니다.

주일은 예배, 경건, 섬김이 핵심이고 이것이 성도들이 주일에 얻고, 누리는 영적인 향기입니다.

주일이 성경에 없고, 매주 모여서 예배하라는 말이 없다고 해서 안식일을 거룩하게 지키라는 율법의 완성을 이루어야 함에도 불구하고 우리가 모이기를 폐하는 어떤 사람처럼 모이지 않기를 적극 권장하는 사상에 빠지는 것이 옳은 것일까요?

하나님의 법을 완성하는 신앙인으로서 주일을 다시 나의 영혼과 행실에 거룩한 날로 만들어서 적어도 주일만이라도 거룩한 향기로 진동하는 날이기를 기대해 봅니다.

3부

지도력
이야기

성경이 말하는 예수님의
핵심 지도력 6가지

좁은 길보다 더 좁은 지도자의 길

내가 주와 또는 선생이 되어 너희 발을 씻었으니 너희도 서로 발을 씻어 주는 것이 옳으니라. 내가 너희에게 행한 것같이 너희도 행하게 하려 하여 본을 보였노라.

요한복음 13장 14-15절

사람들은 가능한 팔로워Follower보다는 리더가Leader 되고 싶어 합니다. 그러나 리더가 되려는 사람들이 리더로서의 준비과정과 실습을 거치고, 실제로 리더로서 겪은 어려움들은 지나치려고 합니다. 사람의 됨됨이만큼 눈에 드러나는 것은 없습니다. 사람들은 비록 짧은 시간 일지라도 만남을 가지면 그 사람이 리더의 사람인지 아닌지를 나름 판단을 합니다.

여전히 기독교 지도자들은 너무나 선명하게 보여주신 리

더로서 예수님이 계시는데 기독교 지도자들 사이에서 예수님께서 보이시고, 행하시고, 가르치셨던 지도자 모습을 자주 볼 수 없는 안타까운 현실입니다. 대부분은 테이블의 상좌에 자리 잡고 하나의 단체를 이끄는 boss로서 자리를 잡고 있는 현실을 종종 보게 됩니다. 불행하게도 목회자들 가운데 많은 분들이 이 오늘도 저 낮은 곳이 아닌 저 높은 곳을 향하여 달려가고 있음을 보게 됩니다. 만약 우리가 어떤 형태로든 기독교나 그것과 연결되어 사역함에 있어서 스스로 지도자가 되기를 원한다면 예수님의 지도력의 모습을 되찾아 실현해야 할 필요는 이 시대에 아무리 강조해도 지나침이 없습니다.

예수님의 말씀과 행위에서 드러난 6가지 핵심 지도력을 보려고 합니다.

지도자는 상좌에서 내려오는 사람입니다.
누가복음 14장 10절

이런 이야기가 알려져 있습니다. 나폴레옹이 독일의 어느 제후의 만찬에 초대받아 갔는데 그 만찬의 상좌는 의외로 나폴레옹의 자리가 아니었습니다. 모두들 의아해 하면서 동시에 불편한 자리가 되었습니다. 나폴레옹보다 더 높은 이가 있단 말인가? 만약 있다면 이는 반역이 아닌가! 그런 생각을 할 즈음에 그 상좌의 주인공이 나타났는데 바로 제후의 부모였습니다. 그 제후는 말하기를 "국가에는 국부가 있듯이 가정에는 가장이 있는데 바로 나의 부모님입니다. 우리 집에 초대받은 이 가운데 부모님보다 더 존대받아야 할 분은 없습니다." 나폴레옹은 상좌에 앉지 못하는 자존감이 거슬렸으나 그는 인륜을 배웠습니다.

상좌에는 앉을 사람이 있는데 그가 누구일까? 성경은 주인이 상좌에 올려줄 때라고 합니다. 누가복음 14장 10절에서 예수님께서 말씀하시기를

"청함을 받았을 때에 차라리 가서 말석에 앉으라! 그러면 저를 청한 자가 와서 너더러 벗이여 올라 앉으라 하리니 그때야 함께 앉은 모든 사람 앞에 영광이 있으리라."

오늘날 만연해 있는 지도자들끼리 '서로 높여 주기'에 의해서 서로 높아가는 것이 아니라 지도력으로 사람들 사이에서 높임을 받아야 마땅할 분이라는 묵시적인 인정이 있어야 한다는 점입니다. 높여주는 사람들이 없는데 스스로 높은 자리에 있는 것은 지도자의 모습이 아니라는 것이지요.

그러나 더 놀라운 것은 설령 사람들이 높여 준다 하더라도 그것이 마땅히 상좌에 앉을 자격이 되는 것은 아니라고 예수님은 말씀하십니다. 하나님께서는 인정받는 지도자라 할지라도 높임을 받는 것은 하나님의 눈길에는 거슬린다고 하셨습니다. 누가복음 16장 15절의 말씀에서

"사람 중에 높임을 받는 그것은 하나님 앞에 미움을 받느니라."

고 하신 것입니다. 지도자는 마음으로든, 몸으로든 상좌에 앉기를 원하는 마음 자체를 포기하는 사람입니다. 진실한 지도자는 지도력 자체를 가장 고상한 것으로 생각하며 높임을 받는 것은 주님의 것임을 시인하는 사람입니다. 높임 받기를 포기하기 전까지는 지도자일 수는 없습니다.

지도자는 무릎을 꿇는 사람입니다.

요한복음 13장 14절

무릎을 꿇는 지도자란 말은 익숙하지도 않을뿐더러, 어딘가 낯선 말입니다. 지도자 앞에 다른 사람들이 무릎을 꿇는 것이지 자신이 무릎을 꿇는 사람은 아니라는 생각입니다.

그러나 무릎 꿇는 것이 익숙하지 않으면 리더가 되기 어렵다는 것을 예수님께서 말씀하시고 보여주셨습니다. 요한복음 13장 14절에서 예수님은 말씀하시기를

"내가 주와 또는 선생이 되어 너희 발을 씻겼으니 너희도 서로 발을 씻기는 것이 옳으니라."

고 하셨습니다. 진정한 지도자는 사람들의 마음을 머리부터 사로잡는 것이 아니라 발바닥부터 사로잡는 사람입니다.

무릎 꿇기를 싫어하는 것은 누구나 같은 일입니다. 그러나 지도자는 누구나 싫어하는 것을 할 수 있기 때문에 누구나 될 수 없는 지도자가 될 수 있는 것입니다.

한번은 해외 유학 시절에 우리 도시에 사는 한인들과 함께 소풍을 갔습니다. 음식을 다 먹고 난 후 음식 쓰레기를 치우는데 갑자기 바람이 불어와서 큰 비닐 백이 넘어지고, 연이어 음식 쓰레기의 일부와 플라스틱 접시와 컵이 날려 다녔습니다만 소풍 나온 사람들 가운데 아무도 주우려고 하지 않았습니다. 그것이 귀찮기도 했지만 문제는 한인들의 자존심이 없었습니다. 은연중에 '나는 식모처럼 사는 사람이 아니다.'라는 메시지를 서로 에게 말하고 있었습니다. 결국 순찰하던 경찰이 "이 쓰레기가 당신들의 것이 아니냐?"라고 말하자 겸연

쩍게 서로 줍던 기억이 있습니다. 결국 나는 무릎 꿇고 사는 사람이 아니라는 것이지요.

많은 사람들의 관념 속에 지도자는 무릎을 꿇는 사람이 아니라 무릎 꿇는 사람 앞에 서 있는 사람이라는 관념이 지배하고 있습니다. 그래서 지도자는 다른 이 앞에 마음의 무릎을 꿇지 않는 것을 당연히 생각하고, 다른 사람들도 그것을 기대하지 않는 것 같습니다. 그러나 지도자는 자신의 마음을 낮추어 넓고 편편한 바닥을 만들어서 그 위에 많은 사람들이 올라서게 하고, 그 후에 그들의 마음을 사로잡는 사람입니다.

예수님은 겸손하셔서 사람들 앞에 무릎을 꿇고, 하나님 앞에 무릎을 꿇었던 분입니다. 온 세상이 그의 낮은 마음 위에 발을 딛고 서 있습니다. 그래서 이제는 세상 모든 사람들이 그 앞에 무릎을 꿇게 되었습니다. 마음과 몸의 무릎을 꿇을 수 있기 전에는 지도자일 수 없습니다.

지도자는 목자가 되어야 합니다.

요한복음 10장 27절

목자를 성격 지우는 두 가지는 양들을 보살피는 일과 양들을 위하여 아낌없이 주는 나무와 같은 존재입니다. 또 보살피는 것은 두 가지인데 양의 사정을 잘 아는 것과 다른 하나는 부성애의 마음과 모성애적인 마음가짐입니다. 이런 마음이 전제되지 않고는 잘 보살필 수 없다는 말이기도 합니다.

성도들이 바라는 목회자상 가운데 하나는 부성애를 느낄 수 있는 목회자라 합니다. 이전에 같이 시무했던 부 목사님 한 분은 객관적으로 보아도 설교에는 자질과 큰 은혜가 없어 보였습니다. 그러나 그 목사님은 따뜻하게 교인들을 보살피고, 위로하는 말투와 안심하게 하는 말로써 교인들과 관계를 맺었습니다. 교인들 중에서 밤새워 고민한 일을 가지고 목사님께 가면 고민했던 것이 헛일이었음을 느끼게 해 줄 때가 많았습니다. 그래서 설교를 잘하셨던 다른 부목사님보다 더 많은 성도들이 따르고 신뢰했던 기억이 있습니다. 지금 생각해 보면 그 목사님은 부성애적인 면을 강하게 가지고 있었고, 또 실천하셨던 것 같습니다.

지도자는 많은 식구를 거느린 아버지나 어머니와 같습니다. 그들을 어쩔 수 없어서가 아니라 자상한 마음으로 돌볼 수 있는 마음을 품는 사람입니다. 그래서 우리는 하나님을 부성적 권위뿐만 아니라 부성적 사랑과 보살핌과 관용에 있어서도 아버지라 부르는 것입니다. 부성적 마음과 모성적 마음이 잘 돌볼 수 있는 중요한 자세이고, 양들은 결국 자기를 잘 돌보는 목자의 음성을 따르게 됩니다. 예수님은 친히 요한복음 10장 27절에서

"내 양은 내 음성을 들으며 나는 저희를 알며, 저희는 나를 따르느니라."

라고 말씀하셨던 것입니다.

어떤 유명하신 목사님의 조언이 생각납니다. "연약한 자를 잘 돌보십시오. 그러면 당신의 교회에 빈자리가 없어질 것입니다." 예수님은 한 사람, 한 사람 특별히 그들 가운데서도 버려진 사람들을 잘 보살폈던 분입니다. 아마 페스탈로치의 원조 정도는 충분히 되실 그런 분입니다. 그래서 아직 세계 곳곳에 그의 음성들 듣는 양들이 산재해 있는 것입니다.

지도자는 아낌없이 주는 목자입니다. 예수님은 요한 10장 11절에서 말씀하셨습니다.

"나는 선한 목자라 선한 목자는 양들을 위하여 목숨

을 버리거니와…."

진정한 지도자는 목숨까지는 아닐지라도 자기의 것을 희생할 준비가 되어야 합니다. 오늘날 지도자들을 향하여 던지는 질문은 '누구를 위한 천국인가?'라는 것입니다. '지도자 자신을 위한 것인가? 추종자들을 위한 것인가?'라는 질문입니다.

듣기에 불편한 농담이 있는데 성도들이 종종 '양들을 잡아먹고 살찌는 목사'라는 말을 합니다. 목회자들도 경제생활을 해야 하고 큰 교회든지, 작은 교회든지 나름대로 어렵고 빠듯한 생활을 합니다. 그러나 그런 가운데서도 목회자가 가진 것보다 더 많이 주려고 하는 모습은 진정한 목자의 모습 중의 하나입니다. 언제나 아낌없이 주는 목자 때문에 살맛나는 양들이 많아지면 얼마나 좋을까요?
받기보다는 주는 것이 편할 때까지는 지도자일 수 없습니다.

지도자는 하나님께서 주신 의무를 다하는 사람입니다.
누가복음 17장 10절

기독교 지도자는 나의 일을 하는 사람이 아닙니다. 성취감도 느껴야 하겠지만 나의 성취감만을 위하여 일하는 사람도 아닙니다. 기독교 지도자의 성격을 잘 말하는 것이 청지기 의식입니다. 청지기는 주인의 것을 주인의 뜻대로 잘 관리하고 운영하는 사람을 말합니다. 기독교 지도자는 나를 지도자로 부르시고, 사명을 주신 분의 요구에 대하여 늘 깨어 있어야 하는데 예수님께서 늘 말씀하신 것은 '나를 보내신 이의 뜻' 이었습니다. 요한복음 6장 39절에는

"나를 보내신 이의 뜻을 행하려 함이라 나를 보내신 이의 뜻은…"

뜻이란 바로 의지인데 곧 하나님의 의지입니다. 예수님마저도 하나님의 의지를 행하는 것이 사명이었다면 기독교 지도자는 반드시 하나님의 뜻을 이루는 사람이어야 합니다. 나의 길이 아니라 하나님의 길입니다.

지도자는 나의 뜻을 이루려는 욕구와 하나님의 뜻을 이루는 것 사이에 필연적인 갈등이 있을 수밖에 없습니다. 그래서 지도자는 나는 죽고, 하나님의 뜻이 실현되는 아름다운 꿈을 꾸는 사람이어야 합니다.

예수님은 또한 지도자의 의무를 행하는 자세를 말씀하셨

"너희도 명령받은 것을 다 행한 후에 이르기를 무익
한 종이라 우리가 하여야 할 일을 한 것뿐이라."

라고 말하라고 하셨습니다. 지도자는 먼저 명령받은 것을
다 행하여야 하며, 그것은 "마땅히 하여야 할 나의 일에 불과
했습니다."라고 말하여야 합니다.

예수님께서는 하나님께로 가셔서 하나님께 "마땅히 하여
야 할 나의 일을 하고 왔습니다."고 보고 하셨음이 틀림없습
니다. 예수님께서 그렇게 가르치셨기 때문입니다. 예수님은
하나님께 자기의 업적을 보고하시기 보다는 순종과 의무를
행한 것을 가지고 가셨습니다.

하나님 앞에 중요한 것은 업적이 아닙니다. 아니 중요한
업적이 있다면 하나님의 일을 행한 것입니다. 그런 데 많은 지
도자들이 자신을 위하여 했던 일들을 하나님께 보고합니다.
이런 업적을 보고하는 것은 하나님을 귀찮게 할 뿐입니다.
얼마나 많은 지도자들이 내가 한 일을 알리고 싶어 하고 알
아주었으면 할까요? 그럼에도 얼마나 많은 지도자들이 업적
쌓기에 열정을 쏟고 있는지 모릅니다. 죽도록 충성하고 나는

무익한 종이라 단지 나의 하여야 할 일을 했을 뿐이라는 고백을 할 준비가 되기 전까지는 아직 지도자일 수 없습니다.

지도자는 추종자들의 필요를 아는 사람입니다.
누가복음 11장 1-4절

간혹 사람들이 지도자들에 대하여 깊은 실망을 느낄 때가 있습니다. 지도자들의 경우 대체로 자신이 충분히 지도자가 될 자질 또는 자격이 있다는 것을 어필하기 위하여 자신들이 무엇을 할 수 있음과 지식들을 강변할 때가 많습니다. 추종자들은 듣고는 있지만 마음으로는 깊은 실망을 느낍니다. 결국 추종자들은 "저 사람은 우리의 마음과 요구를 받아 줄 수 있는 사람이 아니다."라고 판단합니다.

애완동물들의 음식을 만드는 회사에서 한번은 최고의 영양가와 보기에 좋은 애완견의 밥을 만들기로 했습니다. 영양사들 동원하여 과학적으로 영양가가 가장 많게 만들고, 개들이 보는 순간 군침을 흘릴 수 있도록 모양과 색도 예쁘게 만들었습니다. 회사 간부들은 이것을 대대적으로 만들어 시판하기로 하고, 또한 회사의 사활을 걸기로 했습니다. 그리고 날개가 돋친 듯 팔려 나갈 것을 꿈꾸었습니다. 그러나 결국 이 회사는 망하고 말았는데 이유는 간단합니다. 애완견들이 먹지 않는다는 것이었습니다.

지도자들이 때로는 좋은 생각과 계획들을 제시하기도 하고, 설득하기도 하지만 문제는 추종자들의 마음 깊이에서 요구하고 있는 것과 초점이 맞지 않을 때 실패가 보입니다. 이 문제가 때로는 정치학 박사보다도 서민과 더불어 살았던 정치가들이 더 정치를 잘하거나 추종자들을 더 많이 거느리고, 목회학 박사보다도 일반 교인으로 더 오랫동안 신앙생활을 했던 평범한 목회자가 더 목회를 잘할 수 있는 결정적인 원인이 되는 것과 같습니다. 바로 그들은 자기를 따르는 사람들의 말하지는 않지만, 마음속의 요구를 누구보다 더 잘 알고 있기 때문입니다.

예수님은 제자들의 영적 욕구를 아셨고, 그래서 주의 기도라 알려진 기도를 가르쳐 주셨습니다. 가버나움에서 5천 명의 사람들이 영적으로는 배불렀으나 육의 배가 굶주렸던 것을 아시고 육신의 배를 채워 주셨습니다. 병든 사람, 슬픔에 잠긴 사람들의 필요를 아시고 그들의 근본적인 문제를 치료하시고, 위로 하시고, 용서하셨습니다. 예수님은 언제나 그들과 함께, 그들 속에 계셨습니다. 그래서 그의 이름도 임마누엘이 아닌가요? 우리를 지키시는 임마누엘일 뿐 아니라 우리의 속사정을 가장 잘 아시는 임마누엘이 아니신가요? 추종자들이 침묵 속에서 바라는 요구를 읽어 내고, 귀를 기울일 수 있기 전까지는 지도자일 수 없습니다.

지도자는 가르치고 나누는 사람입니다.
마태복음 20장 20절에서 28절

한 번은 세베대의 아들의 어머니가 그 아들들이 주의 나라에서 하나는 주의 우편에, 하나는 주의 좌편에 앉게 해 달라고 부탁합니다. 예수님은 이들이 잘못된 요구를 하고 있음을 알고 그들에게 가르치십니다. 예수님은 우편과 좌편의 권력이 아니라 예수님께서 마시려는 잔을 마실 수 있어야 한다고 하신 것입니다. 그리고 권력자의 권력이 아니라 크고자 하는 자는 너희를 섬기는 자가 되어야 한다고 제자들을 바로 가르치시며 오해가 없도록 하셨습니다.

때로는 지도자들과 추종자들 사이에서 일어나서는 안 될 갈등들이 일어나는 경우가 있습니다. 지도자도 나쁘지 않으며, 오히려 좋은 마음과 열정을 가지고 있어서 좋은 지도자이고, 추종자들도 잘 순종하고, 열심이 있어서 좋은데도 갈등이 상주하고 있는 경우가 많습니다. 여러 가지 원인 가운데

한 가지는 커뮤니케이션의 실패에 있습니다. 어떤 지도자는 앞장서서 좋은 것을 외치면 나머지는 따라 올 것이라고 생각합니다. 그런데 현실은 그렇지 못할 때가 많습니다.

예수님께서 베드로를 부르시면서 사람 낚는 어부가 되게 하시겠다고 하셨지만, 베드로는 예수님께서 이 땅 위에 살아 계시는 동안 사람을 낚아 보지를 못했습니다. 오히려 애매한 말고의 귀만 단칼에 날려 보냈던 사람입니다. 예수님은 하나님 나라를 이루기 위하여 미숙한 제자들을 가르치시고, 훈련 시키시고, 삶을 나누셨는데 더욱 성숙하고 성장할 때까지, 그리고 실천할 수 있을 때 까지 기다리시면서 그렇게 하셨습니다. 언제까지 그렇게 하셨을까요? 승천하실 때 그 사람 낚는 일을 성령께서 하실 것이라고 약속으로 남겨 두고 가실 정도까지 하셨습니다.

예수님께서 그들과 함께 있는 동안 제자들에게 하나님 나라에 대하여 가르치셨고, 자신의 사역과 그 사역을 위하여 해야만 할 일이 무엇인지 가르치셨습니다. 그리고 제자들에게 하늘의 권세가 무엇인지 이적을 통하여 보여주시고, 귀신을 내어 쫓으시며 마침내 이루어 질 하늘나라의 승리를 나누셨습니다. 그렇게 하시므로 예수님에 대한 오해, 진리에 대한 오해, 하나님 나라에 대한 오해, 사역에 대한 오해를 미리 방지하셔서 불필요한 갈등을 미리 제게 하셨습니다.

만약 지도자들과 추종자들 사이에 이러한 나눔의 긴 시간과 대화가 있다면 상당수의 갈등 요소가 제거될 것입니다. 어떤 때는 대화를 하고 나누는 과정에서 또 다른 갈등의 요인을 불러일으킬 수 있는데 이것은 가르치고 나눔에서 파생한 문제가 아니라, 잠복되어 있던 갈등이 노출되었거나, 대화와 나눔의 방법상의 미숙함에서 기인하는 것입니다. 이렇게 가르치고 나누어 지도자와 추종자들 사이의 담을 헐 수 있기 전까지는 지도자일 수 없습니다.

교황 그레고리우스 1세는 교황이 된 후에도 여전히 몸으로 사람들을 보살폈습니다. 그는 바쁘고 많은 직무에도 불구하고, 수재가 났거나, 전염병이 휩쓸고 간 곳에 직접 가서 상황을 살피고, 그들의 힘든 것과 요구를 알고 구호품을 주었습니다. 사람들은 그레고리우스 1세의 손을 잡고 눈물을 글썽이었다고 합니다. 구호품을 받아서 그나마 목숨을 유지할 수 있었기 때문이고, 또한 이 위대한 교황의 손을 잡을 수 있는 영광을 얻었기 때문이었습니다. 이 위대한 교황의 별명이 **'주의 종들을 섬기는 종'**이었습니다. 주의 종들을 섬기는 종!

듣기에 가슴에 진동이 일고, 마음에 새기기에 값지고, 입으로 말하기에 고상합니다.

우리나라 현실에서 종으로 섬기는 목회자가 된다는 것은 너무나 어려운 일입니다. 권위가 있어야 하고, 무엇인가 힘이 있어 보여야 하고, 무엇인가 줄 수 있는 사람이어야 하고, 소위 어떤 목회자와 교회 규모를 비교해도 꿀리지 않는 목회자가 되어야 합니다. 이런 것이 없으면 교인들에게 차이고, 목회자들 사이에서 차이고, 세상에서도 차입니다. 얼마나 안타까운 모습인가요!

신앙인의 길이 좁은 길을 가는 것이라면 예수님을 닮는 지도자의 길은 좁은 길보다 더 좁은 길을 가는 것입니다.

영혼을 새롭게 하는 말씀

ⓒ 박용표, 2024

초판 1쇄 발행 2024년 11월 1일

지은이	박용표
펴낸이	이기봉
편집	좋은땅 편집팀
펴낸곳	도서출판 좋은땅
주소	서울특별시 마포구 양화로12길 26 지월드빌딩 (서교동 395-7)
전화	02)374-8616~7
팩스	02)374-8614
이메일	gworldbook@naver.com
홈페이지	www.g-world.co.kr

ISBN 979-11-388-3637-1 (03230)